Como acreditar em Deus

CLARK STRAND

COMO ACREDITAR EM DEUS

DESVENDANDO OS TEXTOS SAGRADOS

Tradução
Marcos Maffei

PRUMO
desenvolvimento

Título original: *How to believe in God*

Originalmente publicada e organizada pela Doubleday Religion, uma divisão da Randon House, Inc.

Direção editorial
Soraia Luana Reis

Editora
Luciana Paixão

Editor assistente
Thiago Mlaker

Assistência editorial
Elisa Martins

Preparação de texto
Rebecca Villas-Bôas Cavalcanti

Revisão
Ana Cristina Garcia

Capa, criação e produção gráfica
Thiago Sousa

Assistência de criação
Marcos Gubiotti
Juliana Ida

Imagem de capa: © Mark L Stephenson/CORBIS

CIP-Brasil. Catalogação-na-fonte
Sindicato Nacional dos Editores de Livros, RJ

S89c Strand, Clark, 1957-
Como acreditar em Deus / Clark Strand; tradução Marcos Maffei. –
São Paulo: Prumo, 2009.

Tradução de: How to believe in God
ISBN 978-85-7927-014-7

1. Bíblia - Crítica, interpretação, etc. 2. Cristianismo e outras religiões - Budismo. 3. Budismo - Relações - Cristianismo. 4. Cristianismo - Relações - Budismo. I. Título.

09-1965. CDD: 220.6
CDU: 27-23:24

Direitos de edição para o Brasil: Editora Prumo Ltda.
Rua Júlio Diniz, 56 - 5º andar – São Paulo/SP – CEP: 04547-090
Tel: (11) 3729-0244 - Fax: (11) 3045-4100
E-mail: contato@editoraprumo.com.br / www.editoraprumo.com.br

Para meu pai, Allan E. Strand Jr., que me deu a Bíblia, e para minha mãe, Anne W. Strand, que me ensinou a buscar Deus.

Deus constrói seu templo no coração
Sobre as ruínas das igrejas e religiões

(Ralph Waldo Emerson)

Índice

Revolução

Um budista retorna à Bíblia

Fale-me sobre o Deus em que você não acredita. É o Deus que separa os salvos dos amaldiçoados, reservando o êxtase para o abençoado e o fogo do inferno para o descrente? Ou talvez o Deus de mente estreita que resiste a novas maneiras de pensar, o Deus que não tolera qualquer pergunta ou discussão, aquele que prefere o mundo do jeito que era antes do feminismo ou dos direitos civis, antes da descoberta da evolução e da física quântica ou da criação e colapso das estrelas? É o Deus que patrocina cruzadas, *jihads* e *pogroms*? Ou talvez aquele que diz a um homem de 20 anos, com esposa e três filhos, para se explodir numa praça movimentada?

A lista poderia ser prolongada indefinidamente. Há o Deus que criou o mundo em seis dias. E então há aquele que põe uma bela árvore frutífera ao alcance de seus filhos, proíbe-os, sob pena de morte, de comer seus frutos e imediatamente desaparece em alguma parte do jardim, mantendo um olho por trás dos arbustos para ver o que vão fazer. E então há aquele que mata bebês egípcios para salvar bebês judeus, e manda seu único filho para salvar toda a humanidade (desde que esta esteja disposta a se tornar cristã). A própria Bíblia está cheia de deuses em que não acreditamos. Ou em que não se *deveria* acreditar.

De onde vieram esses deuses, e o que devemos fazer com eles agora que estão aqui? Há alguma maneira de reformá-los ou reeducá-los? Há alguma maneira de chegar a eles com a mensagem de que o mundo é maior e mais inclusivo hoje do que nos dias do deserto e da tribo? E, se não – se, como muitos ateus modernos alegam, o mundo está melhor sem eles –, o que existe para substituí-los – se houver algo? Estamos destinados a viver com um "buraco na forma de Deus" no centro de nossos seres? Por mais problemas que esses deuses complicados tenham causado, aquelas sociedades que conseguiram bani-los nem por isso se deram muito melhor. A perda de Deus na sociedade dos dias de hoje tornou o totalitarismo, em todas as suas muitas formas, da comunista à das grandes corporações, uma virtual inevitabilidade da vida moderna. É verdade, o velho Deus pode ter sido um problema, mas a descrença não parece ser uma opção. "Nascemos crendo", escreveu Ralph Waldo Emerson. "Um homem produz crenças do mesmo modo que uma árvore produz maçãs." Na ausência de Deus, os seres humanos sempre vão encontrar *algo* em que acreditar: ciência, progresso, dinheiro ou apenas o sempre crescente poder do indivíduo.

Então, onde isso tudo nos deixa agora?

Curiosamente, bem onde começamos – com o Deus da Bíblia, por misterioso e difícil que seja compreendê-lo.

Durante os anos em que estive trabalhando neste livro, muitas pessoas tiveram a oportunidade de me perguntar: por que a Bíblia? Por que voltar para todas essas pragas e regras? Por que suportar o derramamento de sangue e a barbárie de uma era antiga, mais primitiva – uma era em que as pessoas acreditavam que demônios causavam doenças, as mulheres eram impuras durante seus períodos menstruais e a homossexualidade era uma abominação perante Deus? Por que não começar de novo com uma lousa em branco e escrever sobre um Deus no qual *vale a pena* acreditar? Mas a resposta para essas perguntas, embora surpreendente, era também muito simples: porque voltar à Bíblia é o mesmo que voltar para dentro de nós mesmos.

Para a maioria dos ocidentais, Deus *vive* na Bíblia. Para melhor ou para pior, não podemos mudar nossa concepção sobre Deus sem primeiro mudar nossa concepção sobre a Bíblia. E isso é verdadeiro para todo mundo em nossa sociedade, tenha sido criado num lar religioso ou não. A Bíblia é a matriz espiritual da cultura ocidental, o ponto de origem para todas as nossas crenças, esperanças e medos mais profundos. É a fonte de muitos de nossos costumes e leis, sem mencionar muitas de nossas expressões cotidianas e concepções de mundo que vêm com elas. É a origem até de nossas noções de tempo: dos sete dias da semana ao "começo" e ao "fim" do mundo. Você pode não a ler, ou mesmo saber o que ela diz, e ainda assim a Bíblia está dentro de você. Está no ar que respiramos, e na cultura como um todo. Portanto a ideia de Deus está em nós também. Não há como escapar.

Foi isso que descobri, e a razão pela qual voltei à Bíblia no esforço de encontrar um Deus em que eu pudesse acreditar. E, quando eu encontrei esse Deus, descobri que ele estivera ali o tempo todo. Certo, tive de aprender a ler a Bíblia de maneira completamente diferente da lida pela maioria das pessoas religiosas. Mas essa foi a jornada que tive de fazer. Tentei uma variedade de outras rotas ao longo do caminho, a maioria delas um esforço de contornar inteiramente a Bíblia, algumas delas indo na direção oposta. Nos anos que seguiram a 1990, quando deixei de ser um monge budista, devotei-me a literalmente dúzias de disciplinas espirituais diferentes, da meditação judaica à prática muçulmana de dizer os noventa e nove nomes de Deus. Num ou noutro momento, dei *Um curso sobre milagres*; pratiquei o rosário católico com todas as suas orações e mistérios; combinei as antigas palavras da oração a Jesus com a minha respiração, depois minha pulsação; disse o *nembutsu* (o nome de Amida Buddha) trinta mil vezes por dia até, como oração a Jesus, ele acabar se dizendo por si mesmo. Acordei para fazer a *hitbodedut*, prática hassídica de meditação realizada ao ar livre no meio da noite falando em voz alta com Deus. Recitei os salmos, o Alcorão e a

Sutra Lótus, e memorizei partes deles para dizê-las em qualquer lugar, a qualquer momento.

E isso foi só o começo.

Uma lista exaustiva iria abranger muitas páginas, incluindo várias outras formas de oração, meditação, visualização e similares. O único aspecto da vida espiritual em que nunca consegui ficar muito disciplinado foi ir à igreja, embora tenha tentado durante muitos anos. Desde a infância mais tenra, apesar de ter sido criado num lar religioso sulista (ou talvez por causa disso), nunca gostei de hinos.

Quando criança, lembro de vivenciar a igreja como um assunto levemente opressivo envolvendo longos períodos de imobilidade forçada, pontuados por instantes de algo significativo, extremamente difíceis de visualizar. Minha relação com Deus, em comparação, era uma linha limpa e verdadeira.

Eu acreditava nele e orava todas as noites sem que me mandassem.

Agora que eu me deito para adormecer,
Oro ao Senhor para a minha alma guarnecer.
Se eu morrer antes de acordar,
Oro ao Senhor para minha alma levar.

Não consigo lembrar se eu identificava "Senhor" com Jesus ou Deus – não lembro de distinguir muito entre os dois. Quem quer que fosse o Senhor, zelava por sua alma enquanto você dormia e era capaz de acompanhá-la até mesmo se você morresse. Essa ideia me impressionava profundamente quando criança.

Meu avô faleceu quando minha mãe tinha treze anos, seis anos antes de eu nascer, e, embora eu não o tenha conhecido, era um desses casos em que a pessoa é mais presente por sua ausência. Sua morte prematura por doença cardíaca pairou minha infância como aqueles crepúsculos de inverno que chegam tão rápido que mal deixam tempo para voltar para casa antes de ficar escuro. E era este aspecto da oração que mais me impressionava: além dos limites de nossa consciência desperta, além da moldura da própria vida, havia alguém ou algo lá fora.

Naturalmente eu não pensava exatamente nesses termos, mas era o que eu sentia. É importante compreender desde logo que, no que tange à crença em Deus, ninguém evolui muito além da idade de três ou quatro anos. Nossas crenças espirituais podem se desenvolver, tornando-se mais complexas ou sofisticadas, mas aquela crença mais básica, mais singular – numa realidade eterna além do alcance do ser –, não evolui. É um mecanismo simples, como um colete salva-vidas ou uma escada. O esforço de desenvolvê-lo ou sistematizá-lo quase sempre tem o efeito de obscurecê-lo no fim. Foi por isso que Jesus aconselhou seus discípulos a se tornarem como crianças pequenas para entrar no reino de Deus, e a razão pela qual o santo budista japonês Honen uma vez disse: "No momento que um erudito nasce, ele esquece o nome do Buda". Não acredito de modo algum que Honen estava falando apenas daqueles que estudam religião numa situação acadêmica ou teológica. Ele estava se referindo à tendência humana básica de esquecer o que é mais simples e verdadeiro.

Todos fazemos isso, eu inclusive. Não lembro exatamente onde perdi minha simplicidade. Não é algo de que nos separamos voluntariamente, sabendo o que estamos fazendo. O que eu de fato me lembro é de estar certa manhã na escola dominical, adolescente, e ter perguntado aos professores, um corretor de seguros e sua esposa, onde especificamente a Bíblia dizia que os Estados Unidos estavam certos por entrar em guerra contra o Vietnã, ou que os negros nunca deviam se casar com os brancos. Eles acharam que eu estava criando caso, e talvez fosse isso, mas, uma vez que comecei a fazer perguntas como essa, foi impossível parar. Alguns domingos depois, meu pai, que sempre insistira para que eu fosse à igreja com a família, me disse que eu tinha chegado a uma idade em que podia decidir por conta própria se devia ou não ir. Além disso, ele sabia que eu odiava os hinos.

Na época em que entrei na faculdade, não sobrara mais nada da fé com que eu havia crescido. Percebo agora como é fácil confundir a igreja com Deus. A maioria de nós cresce acreditando que religião e Deus são essencialmente a mesma coisa (ou deviam ser), quando na verdade podem não ter nada a ver. Em retrospecto, não tenho certeza se alguma vez deixei de crer em Deus. Era na religião que não acreditava mais. E achei que isso também queria dizer que não mais podia acreditar em Deus.

A queda da religião foi feia. Na faculdade li sobre as Cruzadas, a Inquisição espanhola e incontáveis *pogroms* contra os judeus. Descobri que papas mentiram e sancionaram assassinatos, que Martinho Lutero era antissemita, e que os mais firmes oponentes do movimento pelos direitos civis foram homens e mulheres tementes a Deus com quem meus joelhos roçavam desde o momento em que pela primeira vez sentei num banco de igreja. Li livros sobre a Bíblia e descobri que não tinha sido escrita por Deus ou Moisés, nem pelos discípulos diretos de Jesus. Era um livro como qualquer outro, para o qual em última instância não havia maior autoridade moral do que havia para a *Mythology*, de Edith Hamilton, ou para os contos de fadas dos irmãos Grimm – pelo menos foi o que pensei na época.

Tamanho era meu desencanto com a religião que cerca de um ano depois, quando a experiência da crença finalmente ocorreu, não a reconheci como o que de fato era. Meu relance do eterno durou apenas uma fração de segundo, mas seus efeitos permaneceram em mim durante semanas como um sentimento profundamente enraizado, uma confiança de que tudo estava bem e sempre estivera, que em todo o universo não havia nenhuma causa para preocupação ou alarme.

Porque eu rejeitara o cristianismo, jamais me passou pela cabeça identificar aquela experiência com Deus. Como muitas outras pessoas que cresceram nas décadas de 60 e 70, eu tinha lido livros sobre filosofia e religiões orientais. Assim, foi ao budismo que recorri para uma explicação do que tinha ocorrido, e então, impulsionado por uma implacável energia de conversão, minha educação religiosa adulta começou.

Mencionei educação *religiosa*, não espiritual, porque desde o começo minha experiência no budismo foi caracterizada por um fenômeno que chamo de *crença-pela-metade*, e a crença-pela-metade tem tudo a ver com a religião e nada a ver com Buda ou Deus.

Os crentes-pela-metade aspiram crer em Deus, Buda, Alá ou Avalokiteshvara, assumindo a *aparência* da crença (com suas correspondentes atitudes, comportamentos e outras normas), mas na verdade ainda se sentem incertos em seus corações, o que é, sem dúvida, a razão pela qual insistem em aumentar o volume da religião, trazendo-a para o primeiro plano de sua vida política e social. Os crentes-pela-metade procuram alguma confirmação no mundo exterior para completar um processo interior que permanece semicompleto dentro deles, e entre outras coisas isso usualmente significa negar a verdade ou a eficácia de outras vias religiosas.

Não muito depois de eu ter me tornado budista, minha família fez uma viagem à Filadélfia, onde, antes de conhecer minha mãe, meu pai cursara o *Westmintser Theological Seminary*. Embora não tivesse ficado claro para mim na época, acho que meu pai, tendo reconhecido o despertar de uma consciência espiritual em minha vida, queria compartilhar algo de sua própria experiência como seminarista. Embora ele não tenha se tornado um ministro, ainda assim considerava que aqueles anos tinham determinado a direção futura de sua vida.

Claro, eu não queria saber de nada disso – eu era um crente-pela-metade desde o começo. Meu budismo se apoiava na certeza de que Deus não existia, portanto qualquer coisa associada a ele, incluindo as experiências religiosas de meu pai quando jovem, era, na melhor das hipóteses, uma ficção antiquada, e, na pior, uma voluntária autoilusão. É difícil acreditar agora que eu possa ter sido tão insensível, mas na época estava convencido de que só o budismo tinha a resposta, e o cristianismo não.

Comecei a meditar várias horas por dia, usando contas *mala*, e joguei fora meu colchão de mola, trocando-o por um colchonete. Acabei abandonando meu primeiro casamento, dei todo o meu dinheiro e me mudei para um mosteiro só com as roupas do corpo e pertences que cabiam num saco do exército. Ainda não era o bastante. A crença-pela-metade nunca é. Então finalmente me tornei um monge. E, quando *isso* não funcionou, assumi um grande templo em Manhattan e comecei a ensinar zen para outras pessoas. A essa altura, não havia mais para onde ir. Meu trigésimo terceiro ano me encontrou vestido de hábito preto e a cabeça raspada, no limiar de me tornar um mestre zen com todo o direito a isso – e sem a mais básica das exigências para qualquer vida religiosa.

Foi a mentira daquilo tudo que me aborreceu no fim – a gradual mas inevitável percepção de que, pouco importando o que meu professor e meus companheiros budistas podiam estar me dizendo sobre meu nível de realização, o zen tinha sido pouco mais do que um elaborado jogo de se fantasiar espiritualmente. Eu não estava diferente do que fora antes. As incontáveis horas de meditação tinham me deixado um pouco menos ansioso, um pouco mais conectado ao aqui e agora. E, claro, eu tinha dominado uma grande quantidade de rituais e terminologia religiosa. Mas não me dera de volta a paz mental que brevemente vivenciara aos dezenove anos. Alguns anos depois, casado de novo e com dois filhos, tive uma demonstração dramática desse fato a bordo de um avião que decolara de Memphis, Tennessee. Pouco após a decolagem, um incêndio na cabine fez com que a fumaça se espalhasse, e o avião imediatamente entrou num mergulho. Depois ficamos sabendo que o piloto tinha seguido uma diretriz de emergência que recomendava voltar o mais rápido possível com o avião para o solo, mas naquele instante todo mundo, inclusive todos os comissários de bordo, achou que ia morrer. Se eu ainda fosse solteiro na época, e ainda um monge, uma oração budista talvez tivesse vindo aos meus lábios. Mas, quando minha filha de quatro anos estendeu a mão no corredor para segurar a minha, perguntando: "Papai, a gente vai morrer?", foi o nome de Jesus que chamei em meu coração. Foi como um desses sonhos em que você descobre um quarto em sua casa que nunca soube estar lá. Um breve relance do quarto do coração me foi concedido e descobri que era exatamente como eu receara: eu não era um budista, afinal. Mas então, apesar de Jesus, eu tampouco era exatamente um cristão, e não tinha sido por muito, muito tempo.

Esse foi o começo de um período de dez anos em minha vida durante o qual busquei nas tradições religiosas do mundo algo em que acreditar de novo. Antes daquele voo de Memphis, eu sempre me considerara um zen-budista. Depois, não sabia mais o que era. Tinha ido muito longe no budismo para voltar ao cristianismo em que crescera, longe o bastante para saber que as alegações de qualquer religião de possuir a patente exclusiva de

Deus não só eram falsas como, de fato, representavam o pior impulso que a religião tinha a oferecer. Para dizer mais claramente, minha vida espiritual tinha ficado à deriva.

Embora minha experiência naquele avião possa ter sido singular, a realidade que ela deixou evidente é comum demais. Aquela mesma sensação de deslocamento espiritual caracteriza a experiência de muitas pessoas na época atual. No começo do século XXI, é muito mais difícil acreditar em Deus do que em qualquer outra época anterior. Não mais há um só livro (a Bíblia), não mais uma só teologia, um só padre ou rabino local. Não mais há uma só visão de mundo religiosa predominante. Vivemos no limiar de uma grande transição, e essa transição, mais do qualquer coisa, refere-se a nossa ideia de Deus.

O problema de Deus não é mais meramente um problema de investigação científica ou histórica, como foi durante os séculos XIX e XX; é o problema do multiculturalismo – o confronto inevitável de ideologias que acompanhou as viagens a jato, a inclusão política e a economia global. Mas essas ideologias entram em confronto apenas enquanto se recusam a serem informadas umas pelas outras. Pois um Deus tribal – um Deus mantido firmemente selado dentro da caixa de uma ideologia culturalmente construída – é, como a própria Bíblia com frequência nos mostra, um Deus violento, guerreiro.

Alguns anos atrás, em meio a meu contínuo esforço de encontrar um Deus em que *pudesse* acreditar, descobri os ensinamentos do budismo da terra pura, e nesses ensinamentos encontrei enfim a chave que abriu a arca do tesouro da Bíblia. A tradição da terra pura fala de duas forças poderosas atuando na vida humana. Mas essas forças não eram o bem e o mal, como sempre me ensinaram. O bem e o mal eram reais o bastante, de acordo com o budismo da terra pura, mas não eram o problema na raiz da vida humana. Havia uma escolha mais primal que sempre entrava em ação antes deles. Os mestres da terra pura ensinaram que era o poder individual e o poder outro que guerreavam por nossas almas.

Como uma maneira de entender o poder individual e o poder outro, podemos pensar na diferença entre cair para a frente e cair para trás. Se caímos para a frente, podemos sempre nos segurar simplesmente pondo um pé à frente. De fato, é exatamente o que fazemos ao andar. Caímos para a frente e nos mantemos de pé repetidas vezes. Desde nossas mais antigas memórias, é desse modo que realizamos a maioria das coisas na vida, andando aqui ou acolá com nossa própria energia, fazendo o que quer que seja. Esse é o poder individual – chegando aonde precisamos ir na vida por nossos próprios conhecimentos, vivendo apenas de nossos recursos –, e como seres humanos modernos estendemos seu alcance num grau inimaginável até para as pessoas mais visionárias dos séculos anteriores.

Podemos controlar tudo, do clima global (mesmo que não intencionalmente) ao pulso de nossos próprios corações.

Mas e quanto a cair para trás? Quando caímos para trás, é impossível nos mantermos de pé, não importando o quão avançados científica e tecnologicamente nos tornemos, não importando o quanto possamos estender o alcance dessas coisas que podemos manipular. Para cair para trás temos de ter a impressão de que há alguém ali para nos segurar; caso contrário, jamais o faremos. Jamais confiaremos completamente na própria vida, jamais vivenciaremos a verdadeira liberdade, jamais nos abandonaremos.

Isso não seria problema se não fosse o fato de que todos acabamos caindo no fim. Mesmo quando nossas vidas vão bem e de alguma forma conseguimos dar um jeito de negociar as mágoas e os desastres mais comuns da vida, eventualmente chegaremos a um lugar em que não poderemos ir adiante. Avançados que possamos ser comparados com as pessoas que viviam na época de Jesus ou Buda, ainda vivemos negando o mais simples de todos os fatos existenciais: vamos morrer. No fim tudo o que amamos, e tudo o que mantemos como crença ou convicção, irá simplesmente desvanecer. E o eu que construímos, mantivemos e no qual acreditamos mais do que em qualquer outra coisa, tornando-o o centro de nossa realidade como seres pensantes, vai se dissolver tão rapidamente quanto um devaneio acordado. Um versículo dos Salmos me vem à cabeça: "Sai-lhe o espírito, volta para a terra; naquele mesmo dia perecem os seus pensamentos" (Salmo 146:4).

Desde que estejamos convictos de que podemos nos salvar, usaremos todos os meios a nossa disposição para fazê-lo – até meios espirituais. Tentaremos fazer boas ações e evitar as más, não por elas mesmas, ou por amor a Deus, mas como parte de uma barganha calculada, e isso, enfim, é a essência da crença-pela-metade. Fosse só uma questão dos que creem e dos que não, não haveria problema, mas a crença-pela-metade – que carrega os defeitos de ambos e os benefícios de nenhum deles – é a mais perigosa forma de autoexpressão religiosa. Por séculos alimentou atrocidades como a Inquisição, a caça às bruxas, atentados a bomba, clínicas de aborto, "caça aos comunistas" e a matança por atacado de muçulmanos, cristãos, hindus e judeus. Não é preciso dizer que a pessoa que realmente crê em Deus não tem necessidade de realizar atos como esses. Aqueles que os cometem estão engajados no esforço de *tentar* crer, não no esforço da própria crença. Deus está sempre nos dando a salvação de graça (essa é a lição da infância), mas não aceitamos nada pelo que não possamos pagar. Secretamente, o que mais queremos é controle. Queremos ver aonde estamos indo. E, se vamos cair, queremos saber onde cairemos. Porque no fundo acreditamos mais intensa e profundamente em nós mesmos.

Não compreendemos que a coisa em que mais acreditamos é uma mentira. Esse foi o ensinamento oferecido pelos mestres da terra pura por quase dois mil anos e, como mais tarde me dei conta, o ensinamento central da Bíblia também.

Quando deixei a igreja, na adolescência, nunca imaginei que voltaria à Bíblia. Com certeza, nunca imaginei que iria *querer* voltar – que, na realidade, iria passar a maior parte dos meus dias estudando-a e pensando nela até ser capaz de recitar porções consideráveis de cor. Mesmo assim, quando retornei às escrituras após anos de exploração espiritual, fiquei chocado ao descobrir na Bíblia a planta espiritual que explicava tudo o que vivenciara ao longo de minha jornada: que a Bíblia inteira era apenas a história da luta entre o poder individual e o poder outro, começando em seus capítulos de abertura com a queda do homem e terminando com a aurora de um novo céu e uma nova terra no Apocalipse. Tomados individual ou coletivamente, o que nós, seres humanos, mais queremos é uma maneira de assegurar nossa salvação, e somos capazes de fazer praticamente qualquer coisa para conseguir isso por conta própria, como a Bíblia deixa claro até demais. Mas a única coisa que finalmente irá nos salvar está além de nosso poder. É algo que só pode vir de Deus.

Uma história da tradição da terra pura ilustra esse aspecto.

Há cerca de duzentos anos no viveu Japão um homem santo chamado Shoma. Não sabendo ler nem escrever, ele tinha mesmo assim cultivado uma profunda compreensão espiritual. Por causa disso, as pessoas vinham de muito longe em busca de serem por ele guiadas quanto a como renascer na terra pura, um reino como o céu presidido pelo salvador Amida, o Buda da luz e vida eternas.

Um dia, enquanto Shoma trabalhava, um peregrino chegou de um lugar a centenas de quilômetros, tendo andado toda essa distância para perguntar a Shoma o que devia fazer para ser salvo. Shoma, que estava macerando arroz com um grande martelo de madeira naquele momento, apenas continuou o trabalho, sem dar nenhuma indicação de ter ouvido. O homem perguntou de novo, mas Shoma ainda assim não olhou para ele. Quando as pessoas que o empregaram viram isso, sentiram pena do homem e imploraram a Shoma para aconselhá-lho, mas ele apenas continuou a martelar o arroz. Por fim, o visitante disse, em desespero: "Vim de tão longe, mas, se não posso aprender como nascer na terra pura de Amida, não tenho outra escolha a não ser voltar para a minha aldeia". Quando viu o quanto o homem estava infeliz, Shoma finalmente respondeu.

"Por que não pergunta a Amida? Ele é quem responde perguntas como essas. Realmente não é da minha conta."

Mesmo sendo assim simples, acredito que esta história oferece uma lição importante sobre como crer em Deus. "Por que não pergunta a Amida?" Essas não são as palavras de uma pessoa que pensa em Deus em termos abstratos, como uma ideia que precise ser testada ou intelectualmente compreendida. Essas são as palavras de alguém cuja experiência da salvação é fundamentalmente similar à de uma criança, alguém cuja experiência do divino não é mediada por nenhum tipo de filtro intelectual. Por outro lado, alguém que viaja centenas de quilômetros a pé, como fez o visitante de Shoma, não poderia ter feito isso sem pensar em Deus como uma ideia. Caso contrário, não o teria feito. "Só se o famoso homem santo, Shoma, me explicar essa idéia", ele pensa, "*então* eu serei salvo." Mas Shoma diz: "Pergunte a Amida. Ele é quem responde perguntas como essas". A nossa é a época do poder individual, consequentemente, a época da crença-pela-metade, em que a própria noção do divino passa pela dolorosa transição do pessoal para uma ideia, com o resultado final de que as pessoas não mais sabem como se relacionar com ele de maneira simples, direta e clara.

Comentei anteriormente que não lembrava onde ao longo do caminho perdi minha simplicidade, mas lembro exatamente onde a encontrei de novo.

Foi cedo numa manhã de sábado, na primavera, e, como de hábito, estava sentado em minha cadeira de balanço, a única relíquia física de minha criação sulista. Fazia tempo que eu abandonara a prática de meditar numa almofada no chão. Por muitos anos, vinha acordando cedo todas as manhãs e dedilhava minhas antigas contas de monge por uma hora ou mais enquanto balançava na cadeira e contemplava o quintal.

Talvez, naquela manhã, o ritmo suave da cadeira tenha ajudado a me pôr na disposição mental apropriada, ou talvez tenha sido o mantra da terra pura que eu vinha recitando fazia vários anos, a qual, no fim das contas, tinha muito em comum com a simples oração da hora de dormir que eu fazia quando criança. Não há como saber ao certo, e realmente, não importa. Tudo o que posso dizer é que em algum ponto o começo e o fim de minha jornada espiritual foram trazidos juntos num círculo e amarrados como uma fieira de contas, e pela primeira vez em mais de trinta anos senti o abraço de Deus, claro como se ele tivesse me erguido e me colocado em seu colo. E imediatamente me ocorreu o pensamento de que ninguém podia fazer isso acontecer, como eu tentara por tanto tempo, e que da mesma forma não havia nada que alguém pudesse fazer para tirar isso de novo. Deus estava lá por ter havido o momento em que cremos, e crer não envolvera nenhum preparo, nenhuma prática, nenhum tipo de cálculo. Sobretudo, não envolveu nenhuma demora. Deus já estava lá, sempre esteve e sempre estaria. Para vê-lo tínhamos apenas de crer.

Naturalmente, não há um jeito de alguém, eu incluído, convencer outra pessoa a fazer isso – nem devemos tentar. Esse trabalho pertence a Deus, como a história de Shoma deixa bem claro. Mesmo assim, há um lugar a que o ocidental em busca espiritual pode recorrer procurando inspiração para crer, e esse "lugar" está onde sempre esteve: a Bíblia. Só que primeiro temos de aprender a lê-la por nós mesmos, e não apenas para apoiar as várias normas ou atitudes que constituem uma religião. Temos de aprender a lê-la como um texto espiritual, em vez de apenas como um texto religioso.

É uma afirmação comum entre intelectuais hoje em dia que os seres humanos criaram Deus, e não o contrário. Mas não acredito que seja assim. Que os seres humanos criaram a religião, isso eu admito de bom grado. E nesse processo eles escreveram a Bíblia. Mas, ao fazê-lo, ora deliberadamente ora por si mesmos, criaram mais do que uma religião. Eles criaram o primeiro grande manual ocidental de como crer em Deus.

Crença

1. No começo

E a terra era sem forma e vazia; e havia trevas sobre a face do abismo.
(Gênesis 1:2)

Imagine uma bolha solitária subitamente tomando consciência de si mesma flutuando na vastidão sem fim do mar à meia-noite. Cercada pela escuridão por todos os lados, paira sobre a água num universo sem peso e sem direção, onde nada é possível afirmar com certeza. Todo o conhecimento que ela pode obter é apenas o de um grão de areia, ou o de um átomo – o tipo de consciência que vem de reconhecer a si mesmo como impossivelmente insignificante e pequeno.

A Bíblia começa com uma imagem de águas se estendendo a perder de vista. Não há estrela polar, nenhum ponto de referência, qualquer maneira de saber onde estamos. No começo da Bíblia estamos perdidos. Estamos "no escuro" e "à deriva".

Se olharmos profundamente dentro de nós mesmos, bem no âmago de nosso ser, podemos achar a mesma percepção que lá ficou imperturbável desde o primeiro momento da Criação, intocada pelas várias certezas que usamos para nos consolar em qualquer momento – que estamos a salvo e seguros, ou imaculados, ou corretos em nossas crenças religiosas ou filosóficas. A Bíblia começa com essa percepção bem à vista, convidando-nos a contemplar as águas profundas, insondáveis, que ficam bem debaixo da superfície da vida.

O que são essas águas, e por que a Bíblia começa com elas? Isso vai bem além do que comumente consideramos grandes questões da vida: quem sou eu? Quem é Deus? Por que estou aqui? Abordar essas questões é saber a resposta para as outras três, porque, quando compreendemos o começo de uma coisa, podemos também saber seu meio e seu fim.

Há um episódio dos evangelhos que sempre deve ter tido a função de uma espécie de comentário sobre essa primeira questão primordial.

Uma vez, quando os discípulos de Jesus atravessavam o mar da Galileia, um vento forte sacudiu o barco nas ondas. Logo depois, Jesus veio até eles andando sobre o mar. Pensando que pudesse ser algum espírito que viera destruí-los, os discípulos ficaram com medo. "E respondeu-lhe Pedro, e disse: Senhor, se és tu, manda-me ir ter contigo por cima das águas" (Mateus, 14:28), e então Jesus fez um sinal para que ele saísse do barco.

E ele disse: Vem. E Pedro, descendo do barco, andou sobre as águas para ir ter com Jesus.

Mas, sentindo o vento forte, teve medo; e, começando a ir para o fundo, clamou, dizendo: Senhor, salva-me!

E logo Jesus, estendendo a mão, segurou-o, e disse-lhe: Homem de pouca fé, por que duvidaste?

(Mateus, 14:29,31)

Alguns símbolos são tão primários, tão próximos às coisas que descrevem que seria melhor não pensar neles de forma alguma como símbolos, mas simplesmente tomá-los como são. O que são as primeiras águas da Criação? Ora, são as mesmíssimas águas em que Jesus anda no Evangelho segundo Mateus. A criação da terra seca por Deus no terceiro dia nada faz para aplacá-las. Aquelas águas estão sempre, sempre, lá. Cada um de nós sabe disso instintivamente, com um conhecimento que vai mais fundo que o *profundo*. Não que essas águas formem o solo básico de nosso ser: elas estão *debaixo* do solo. São onde o solo fica. Se o solo onde estamos alguma vez ceder, é lá que cairemos.

Sob as fundações aparentemente sólidas que estabelecemos para nossas vidas – e estas podem ser qualquer coisa, de uma carreira a um relacionamento, ou um inteiro sistema de crenças, científico ou religioso –, lá está o vazio espiritual de um mundo sem luz ou sem sentido. É um lugar que todos desejamos evitar nesta vida, e faremos qualquer coisa para tanto. Iremos nos distrair com todos os tipos de entretenimento possíveis, estudar teologia, escrever teses, lutar em guerras e crer em praticamente qualquer coisa, mesmo que esteja errada. Em casos extremos, até morreremos para nos proteger dessa eventualidade. De fato, faremos qualquer coisa, exceto o que Jesus faz – ficar diretamente sobre o caos, sem nada entre nós e a água a não ser a crença de que o universo irá nos suportar.

Em que Jesus acredita? Ou Moisés? Ou Adão, ou Abraão? Alguém poderia dizer *Deus*. Mas o que isso significa realmente? A crença em Deus é como qualquer outra crença que usamos como tapa-buraco contra a ansiedade existencial? É meramente alguma coisa que colocamos entre nós e a água – como um dique ou um barco? Sendo realista, esse pode ser o caso para muitas pessoas, mas não é o que Bíblia quer dizer com a crença. A crença nunca é uma proteção contra a vida. A Bíblia nunca nos diz realmente onde é que estamos no cosmo. Ela fala em termos genéricos, como se estivesse nos orientando dentro de um quarto. Mas onde fica esse quarto? Não sabemos. Temos apenas suas quatro paredes, seu teto e seu chão, e as várias coisas, nós mesmos incluídos, que se encontram dentro dele. Aqui está a terra, aqui está o céu. O sol para marcar os dias, a lua para os meses e as estrelas para a eternidade. Há plantas, animais e outros de nossa espécie, e sobre isso tudo o céu se estende azul em todas as direções, como a mão aberta de Deus. Essa mão se encaixa na terra como a tampa numa caixa. Mas onde a caixa fica é desconhecido e impossível de conhecer. Fora da crença, não há base para a vida neste ou em qualquer outro mundo.

Por milhares de anos, a história da criação na Bíblia serviu como parteira espiritual para os povos ocidentais. É verdade, requeria que acreditássemos em proposições para as quais não há prova. Mas não nos pedia que acreditássemos por qualquer propósito ideológico. Uma igreja ou instituição religiosa específica pode fazer questão que seus membros acreditem ou não na verdade literal da Criação, mas a Bíblia não tem esse interesse oculto. Apenas quer que percebamos que tecida na trama do próprio universo há uma flutuabilidade espiritual que nos permite tolerar a incerteza da vida neste mundo. O que está sendo "criado" no Gênesis não é tanto o universo físico, é mais nossa crença na verdade desse universo como um lugar para viver e ser. Todas as outras interpretações, incluindo as do folclorista, do literalista e do cientista, são, no fim das contas, irrelevantes.

Compreender onde uma coisa começa é saber para onde ela está indo e onde vai terminar. A Criação começa com o caos – com a incerteza e o desconhecido que subjazem a todas as coisas criadas. Disso, Deus invoca a ordem perceptível do universo conhecido, o que hoje chamamos realidade. Mas onde a história termina? "E abençoou Deus o dia sétimo, e o santificou; porque nele descansou de toda a sua obra que Deus criara e fizera" (Gênesis, 2:3). Às vezes, podemos perguntar a alguém que está contando uma história enrolada: "Onde você está querendo chegar com isso?". Se perguntarmos a mesma coisa quanto à Bíblia, "onde você está querendo chegar com essa história da criação?", a resposta só pode ser o *Sabbath,* o sétimo dia da criação, em que Deus nada faz a não ser descansar.

Poder descansar neste mundo – e não estar com pressa demais para sair dele, ou negá-lo, ou controlá-lo, mas confiar nele do mesmo modo que confiamos em Deus –, essa é a essência da história da criação. Nada mais, nada menos. E poder descansar tem tudo a ver com a crença. Mas não com a multiplicidade de crenças específicas que constituem um credo ou um dogma, uma teologia, uma filosofia ou uma religião. O verdadeiro descanso está na crença única que chamamos Deus, a crença que suporta o mundo onde estamos, que nos permite viver e agir como seres conscientes com o conhecimento de que, aconteça o que acontecer, a vida no mundo é essencialmente certa e boa. "E viu Deus que era bom", diz o capítulo de abertura do Gênesis (1:10). Então, para o caso de haver alguma dúvida quanto a isso, diz de novo – "sete vezes no total".

Antes de Josephine Slater vir morar com minha família em 1937, ela trabalhara na fazenda de meu avô, na zona rural do Arkansas. Minha mãe tinha acabado de nascer, e minha avó precisava de alguém para ajudá-la em casa. Então meu avô perguntou se Josephine gostaria de trabalhar para ele na cidade.

Como preparação para sua vinda, meu avô construiu uma pequena casa de dois quartos nos fundos do terreno, conectada com a casa principal por um estreito caminho de concreto que passava ao lado de uma enorme nogueira. Na época em que nasci, as raízes tinham entortado o concreto tão seriamente que, quando eu estava aprendendo a andar, sempre precisavam me ajudar a passar por cima do calombo. Todavia, acabei conseguindo percorrer sozinho a distância até a casa de Josephine e, nos dias em que minha mãe ou minha avó não sabiam do meu paradeiro em casa, eu invariavelmente era encontrado no colo de Josephine na varanda de sua casa ou deitado ao lado dela na cama.

É sempre difícil descrever os crentes verdadeiros. O problema é que precisamente as coisas que os distinguem dos outros são muito fáceis de passar despercebidas: humildade, tranquilidade, uma sensação de paz interior. Muitos anos depois, descrevendo o tumulto de sua infância, meu tio afirmou que foi realmente Josephine que evitou que a família desmoronasse após a morte prematura de meu avô. "Foi sua paciência mais do que qualquer outra coisa, sua tranquilidade em meio a tudo que estava errado."

Josephine fazia tudo no mesmo ritmo, independentemente do que fosse. Era como se tivesse feito um pacto com a vida de valorizar igualmente todas as coisas que dela faziam parte, dando a mesma atenção ao carteiro e às panelas. Nunca aprendi qual era seu truque, se é que havia algum, mas finalmente encontrei uma imagem para descrever a sensação que dava observá-la. Era como observar as ondas chegando, uma após a outra, na praia.

Eu sempre passava as tardes brincando no chão com um pião ou alguma outra bugiganga da gaveta da cozinha onde ela guardava meus brinquedos. Ela sentava no banco da cozinha, observando-me calmamente sem dizer uma palavra, e sem pegar o jornal ou distrair-se de qualquer outra maneira. Toda vez que eu olhava para cima ela estava ali, simplesmente olhando para mim, como se estar sentada ali, olhando, fosse o bastante. Ao anoitecer relaxávamos numa das grandes redes brancas que ficavam no amplo espaço da varanda coberta de minha avó. Lembro-me de lá, de pijama, ao lado dela, ouvindo os ganchos da rede rangerem suavemente para frente e para trás, vendo a escuridão chegar.

Num verão, quando eu tinha três ou quatro anos de idade, eu estava no colo de Josephine no fim da tarde. Ela ainda não tinha acendido o lampião a querosene que ficava ao lado de sua cama. O sol brilhava através da janela dos fundos e sobre a colcha da cama, fazendo um padrão de sombras de folhas no chão. Estava quente. Enquanto estávamos ali sentados juntos sem nada dizer, para refrescar nossos rostos Josephine virava o cabo de um leque de papelão lentamente para frente e para trás. Curiosamente, lembro-me bem do leque. Era daqueles distribuídos como brinde em lojas de ferramentas no Natal – leques brancos com o retrato de Jesus de um lado e, no outro, um calendário. Faz muito tempo que não vejo nenhum parecido, mas tenho certeza de que em algum lugar lá no sul eles ainda existem.

Em todo o caso, não era o leque o importante, mas a lentidão com que ela o virava de um lado para outro, sem palavras ou explicações, possivelmente sem intenção. Indo e voltando no espaço a nossa frente, revelava primeiro um lado, depois o outro – o temporal e o divino.

Enfim, podemos acreditar em Deus mesmo sem saber quem ou o que ele é. A vida é misteriosa, incerta e ocasionalmente aterradora, mas não há necessidade de ficar perplexo. Andando ou flutuando, nadando ou passando a vau na água conforme preferirmos, tudo o que precisamos saber é isto: aquilo que nos dá medo é o que nos faz fortes.

2. O conhecimento do bem e do mal

Mas da árvore do conhecimento do bem e do mal, dela não comerás; porque no dia em que dela comeres, certamente morrerás.

Gênesis 2:17

Tente, se puder, passar um dia inteiro sem chamar nada de "ruim". Tente ficar aberto à possibilidade de que tudo o que você vê é aceitável (até mesmo ótimo) como é. Se for muito difícil, tente por um dia não rejeitar de imediato nenhuma pessoa, lugar ou coisa. Isso não quer dizer que você fique cego à realidade. Se testemunhar um crime, chame a polícia. Mas deixe o julgamento para Deus. Só Deus sabe como a criação se encaixa em um todo.

Vivemos num mundo definido por preferências – um mundo que coloca uma coisa sobre e contra outra. Se estamos felizes é porque não estamos tristes; se estamos tristes é porque não estamos felizes. Vivenciamos sucesso ou fracasso, amor ou ódio, atração ou repulsa. Raramente nos ocorre que há outra maneira, uma maneira que aceita todas as coisas criadas, nós mesmos incluídos, simplesmente como são. No entanto, essa outra maneira existe. Começa no momento em que reconhecemos que a preferência nos cega. Amamos nossos filhos e tememos nossos inimigos. Algumas vezes os odiamos e procuramos prejudicá-los. Admitir isso é o primeiro passo na direção de reconhecer uma verdade que está no coração da vida verdadeiramente religiosa: *aquilo que não podemos chamar de bom é o assunto de todo nosso trabalho espiritual.*

Não temos de olhar longe para encontrar esse tipo de trabalho. Ele se apresenta em quase todos os momentos de nossa vida.

"E viu Deus tudo quanto tinha feito, e eis que era muito bom" (Gênesis, 1:31). Compreender até a menor porção dessa verdade pode levar uma vida inteira.

Comece olhando no espelho. O que você vê? Poucos de nós irão dizer "Deus". No entanto, a Bíblia audaciosamente faz essa afirmação: somos feitos à imagem do divino. Mas por que não podemos ver isso? Por quê, quando olhamos no espelho, é impossível ver Deus?

A diferença entre o que vemos e o que verdadeiramente somos é produto de nossos próprios pensamentos e ações. Somos feitos à imagem do Criador, mas, através de atos de autoafirmação, finalmente acabamos por não parecer ninguém a não ser nós mesmos. Não é de estranhar que, quando olhamos para nossos rostos, não vemos nenhuma semelhança com Deus. No entanto ela está lá, entre as rugas de preocupação e a maquiagem, por trás dos óculos ou da barba. Porque não é possível que, uma vez que fomos criados à imagem de Deus, essa imagem deva algum dia desaparecer. Quando a imagem que temos de nós mesmos tiver desaparecido (como inevitavelmente deve acontecer), apenas a imagem de Deus restará. "Porque agora vemos por espelho em enigma", diz Paulo, "mas então veremos face a face; agora conheço em parte, mas então conhecerei como também sou conhecido" (1 Coríntios 13:12).

Mas, nesse caso, há uma questão óbvia: por que soprar o eterno no transitório, o espírito divino em mera terra e barro? "E formou o Senhor Deus o homem do pó da terra, e soprou em suas narinas o fôlego da vida; e o homem foi feito alma vivente" (Gênesis 2:7). É como se Deus pegasse o universo inteiro e o tivesse sobre o altar de uma simples margarida. Um belo pensamento. No entanto, como seres humanos, temos de nos perguntar por que Deus não nos fez de matéria mais sólida.

Presumivelmente, o pó não era a única opção. Se quisesse, ele não poderia ter feito as pessoas como fez os anjos? Ou será que fomos feitos para quebrar?

O segredo da verdadeira felicidade está em saber que Deus não erra. Deus faz Adão do pó da terra porque fazê-lo de pó é perfeito. Pense nisso. Como poderia haver um erro na criação? Os buracos negros são um erro? É um erro que alguns esquilos sejam cinza e outros marrons? Ou que o céu seja azul? É a morte um erro? Se for, então é um erro para tudo no universo, já que todo ele – mesmo suas estrelas – deve no fim perecer. É só nossa autocentração que nos impede de aplicar essa lógica a nós mesmos.

Realmente, é essa ideia de que há erros – que certas coisas acontecem conosco que não deviam acontecer, ou deviam acontecer a algum outro, ou não deviam acontecer com ninguém – a fonte de toda a nossa infelicidade como seres humanos. O momento em que compreendemos que Deus não cometeu erros na criação é o momento em que verdadeiramente nos tornamos livres.

Então, por que isso não acontece? A resposta está no começo, nos capítulos de abertura da Bíblia.

Deus oferece uma e tão somente uma diretriz para a vida no Éden. Ao homem e à mulher é dito para não comerem da árvore no centro do jardim, a árvore do conhecimento do bem e do mal. E é dito a eles o porquê: "Porque no dia em que dela comeres, certamente morrerás" (Gênesis 2:17).

É conveniente não interpretar o que acontece no Éden como meramente histórico. Nesse caso não é uma história muito útil. Se o pecado original fosse algo cometido muito tempo atrás pelos primeiros homem e mulher, então não poderia jamais ser abordado. Aconteceu, acabou, e não há nada que possamos fazer quanto a isso agora. Mas não é esse o caso. O pecado do primeiro homem e da primeira mulher é "original" porque mesmo agora, precisamente neste momento, forma a base de tudo o que fazemos e pensamos. A individualidade, essa aparentemente indestrutível concha que cerca e aprisiona nossa "alma viva" dentro de nós, é composta inteiramente de nosso conhecimento do bem e do mal. No fim das contas, tudo se resume a isto: cremos num mundo com nós mesmos no centro, em vez de no mundo criado por Deus.

No momento em que Adão e Eva comem o fruto da árvore do conhecimento, eles se descobrem sozinhos num mundo reinterpretado inteiramente de seu ponto de vista limitado. O que é bom é bom para a individualidade – e, do mesmo modo, o que é mau. E qual o maior mal do ponto de vista deles? A morte – exatamente como Deus advertira. A morte, tão parte do homem quanto o pó de que ele é feito, é, mesmo assim, do ponto de vista do indivíduo, o insulto definitivo, como o bem definitivo se torna uma vida sem limite ou restrição – uma vida em que a individualidade pode proteger e estender sua influência indefinidamente, e afirmar sua vontade do jeito que quiser. E assim por diante...

Pode ser alguma surpresa que o resto da Bíblia seja tão repleto de corações partidos, perdas, incompreensões, até assassinato? Uma vez que a humanidade assumiu o conhecimento do bem e do mal, não há outra maneira para os eventos transcorrerem. De tempos em tempos, Deus intervém para perdoar ou admoestar, e – com mais frequência – para salvá-la, mas a verdade é que ela precisa ser salva dela mesma. Esse é o problema. O bem e o mal são demais para a humanidade. Esse conhecimento a Deus pertence; só ele, em todo o universo, é vasto o bastante para conter e reconciliar o bem e o mal.

Quando estava à beira da morte, a mística medieval Julian de Norwich sofria angustiada com a impossibilidade de escapar ao pecado. Ela pensou na história do Éden e ponderou: "se não houvesse o pecado, seríamos todos limpos como nosso Senhor, como Ele nos fez". Mas Jesus apareceu para ela numa visão e disse: "É verdade que o pecado é a causa de toda essa dor; mas tudo vai ficar bem, e todos vão ficar bem, e todas as espécies de coisas ficarão bem".

"Isso foi dito ternamente, mostrando nenhuma recriminação comigo ou ninguém mais", escreveu Julian. "E nessas palavras eu vi um maravilhoso alto mistério oculto em Deus." E Julian acordou, e sobreviveu, e renascida encontrou o mundo.

Julian viveu na Inglaterra do século XIV, numa época em que o sofrimento e a brutalidade praticamente definiam a vida humana. As mulheres morriam ao dar à luz, não raro seus filhos morriam também, e a fome e as doenças (incluindo a praga) eram fatos da vida cotidiana. A guerra era comum, e a justiça (onde e quando estava disponível) era feita seletivamente e com uma violência que mal podemos imaginar hoje. Durante tudo isso Julian viveu num ancoradouro ligado à catedral de Norwich, uma espécie de habitação semiprivativa que, embora ela não tenha de lá saído até sua morte, mesmo assim lhe propiciava constante contato com as pessoas da cidade, que com frequência a visitavam para pedir orações e buscar orientação espiritual, cada vez mais buscando conselhos de como viver. Para essas pessoas ela oferecia sua mensagem de graça radical: "Tudo vai ficar bem, e todos vão ficar bem, e todas as espécies de coisas ficarão bem".

Por mais chocante que pareça do ponto de vista moral convencional, não é possível conhecer Deus, ou mesmo verdadeiramente crer nele, e também crer no bem e no mal. O bem e o mal pertencem ao indivíduo, não à alma. Infelizmente, o indivíduo pertence a eles. Essa é a fonte de toda a nossa dor e sofrimento como seres humanos, e, como Jesus sugeriu a Julian, é verdadeiramente o pecado original a causa de toda a nossa dor. "E tudo vai ficar bem, e todos vão ficar bem, e todas as espécies de coisas ficarão bem." Mas não acreditamos nisso. Preferimos comer a fruta.

3. Caim e Abel

E Abel também trouxe dos primogênitos das suas ovelhas, e da sua gordura; e atentou o Senhor para Abel e para a sua oferta.

Mas para Caim e para a sua oferta não atentou.

Gênesis 4:4,5

Apesar do fato de ser lembrado como o primeiro assassino, é Caim, e não Abel, quem atrai a solidariedade da maioria das pessoas quando pensam na história dos primeiros irmãos. Por que Deus rejeitou sua oferenda? Foi apenas o acaso da ordem?

Caim fez sua oferenda primeiro, dando a seu irmão mais novo a oportunidade de fazer melhor do que ele. Indo ao pasto, Abel selecionou então a melhor porção de seus animais e a trouxe como oferenda a Deus. Podemos imaginar Caim, mesmo antes de o resultado ficar claro, esperando ansiosamente para ver o que ia acontecer. E então a decisão: "E atentou o Senhor para Abel e para a sua oferta; Mas para Caim e para a sua oferta não atentou" (Gênesis 4:4,5).

O que Caim fez de errado? Abel trouxe o primogênito de seu rebanho como oferenda, Caim o fruto do solo. Deus prefere um sacrifício de sangue em detrimento de uma oferenda de grãos, ou é o processo interno que ele observa: o fato de que Abel parece ter deliberado sua opção, trazendo os melhores animais do rebanho? A essa altura é impossível dizer. A simples verdade é: cometemos erros – o tempo todo. A cada momento, só por estarmos vivos, agimos, e toda ação, mesmo a menor, ou a mais inconsequente das ações, tem consequências imprevisíveis, como uma pedrinha jogada num lago. Quem sabe até onde as ondas irão e qual será o efeito delas? A noção de fazer tudo certo só é possível se definimos "certo" muito estreitamente, em termos do que tem um resultado previsivelmente bom para nós mesmos, para aqueles que conhecemos, ou talvez para nossa espécie ou nossa "tribo". E mesmo assim... bem, na realidade, simplesmente não sabemos. Os automóveis pareceram uma boa ideia em dado momento; o aquecimento global não parece. O mais importante é como reagimos aos erros quando estes ficam aparentes. Esse é o eixo da história.

Quando sua oferenda é rejeitada, Caim parece furioso e deprimido. "Por que te iraste? E por que descaiu o teu semblante?", Deus lhe pergunta. "Se fizeres, não é certo que serás aceito?" (Gênesis, 4:6-7). Se é a empatia de Deus que Caim espera, ele não a obtém. O que Deus tem em mente para seu primeiro neto neste momento da história é algo bem melhor do que empatia. Melhor até mesmo do que respeito. Pois o dom que ele oferece é um ensinamento sobre como evitar completamente essa espécie de sofrimento. É, simplesmente, uma saída de vez do jogo. É assim que sempre acontece na Bíblia. As aberturas vêm quando menos esperamos, ou merecemos – e usualmente em tempos de crise. Estranhamente, esses parecem ser os momentos em que somos mais suscetíveis a Deus.

"Se bem fizeres, não é certo que serás aceito?", Deus diz a Caim. Mas o que ele quer dizer com "bem fizeres"? Tem a ver com a oferenda? Acho que não. Nesse caso, não haveria lição, mas apenas uma injunção específica – "você devia ter feito isso, não aquilo". Não. É mais do que isso. Deus está falando sobre algo maior do que a oferenda rejeitada. É sobre a *reação* de Caim a ela. De fato, esse é o ponto de desenlace para a história toda.

Se a vida nos ensina alguma lição, é que ela com frequência é imprevisível. Consequentemente, por mais que nos esforcemos, ou sejamos bons em ganhar, inevitavelmente às vezes perdemos.

Quando isso acontece, algumas pessoas culpam Deus, enquanto outras culpam a si mesmas, e outras ainda, como Caim, culpam algum outro. Mas um evento é simplesmente um evento. Ganhar aprovação é um tipo de evento. Perdê-la é outro. Estar investido no resultado dos eventos é ver-se para sempre na armadilha da noção de ganho e perda. E, nesse caso, não pode haver paz, nem interior, nem no mundo exterior. Sempre haverá alguma espécie de guerra.

Quando Deus diz "se fizeres bem...", aponta uma maneira de ser inteiramente diferente da maneira à qual Caim se vê preso nesse momento da história – uma maneira que transcende opostos de todos os tipos: ganho e perda, aprovação e falta de aprovação, bem e mal, nascimento e morte. E qual é essa maneira? O que quer dizer "fazer bem"?

Fazer bem significa permitir a nós mesmos a possibilidade de um novo começo em cada novo momento da vida. Numa palavra, significa *liberdade* – liberdade da vergonha, liberdade da culpa, liberdade dos infinitos erros que cometemos simplesmente por estarmos vivos. Essa liberdade vem a nós todos os segundos, a cada bater do coração e a cada respiração. E, no entanto, como é difícil abandonar nossos ressentimentos, corações partidos e desapontamentos acumulados! Com frequência demais preferimos ficar infelizes.

"E se não fizeres bem", Deus adverte, "o pecado jaz à porta" (Gênesis 4:7). Um certo tipo de teologia gosta de insistir que a natureza do homem é inerentemente pecaminosa. Mas aqui Deus parece dizer que a escolha é nossa. É como cruzar uma fronteira, ele diz. De um lado está a eternidade, do outro o pecado e a morte. Como seus pais haviam feito, Caim cruza essa fronteira, escolhendo o conhecimento do bem e do mal e tudo o que o acompanha, e, em vez de dominar o pecado, é por ele dominado. Primeiro se torna sua vítima. Então ele faz de seu irmão uma vítima. Os dois sempre andam juntos. Uma vez que escolhemos o conhecimento do bem e do mal, sempre haverá alguma espécie de guerra.

E como é o resto da história? Somos informados de que, após o assassinato, Caim foi banido da presença de Deus e enviado para o leste do Éden para se instalar na terra de Nod. Lá ele encontra uma moça, presumivelmente de outra história da criação do Oriente Médio, e juntos eles têm um filho, Enoque, cujo nome Caim dá à primeira cidade. Da morte de Caim nada ficamos sabendo, e de sua vida espiritual não há nem mais uma palavra.

Todavia, acho que nos iludimos ao pressupor que Caim está perdido. Tudo isso pode mudar num instante, pois a terra de Nod não fica tão longe do Éden como pensamos.

4. A torre inacabada

E o Senhor disse: Eis que o povo é um, e todos têm uma mesma língua; e isto é o que começam a fazer; e agora, não haverá restrição para tudo o que eles intentarem fazer.

Gênesis 11:6

De acordo como o Gênesis, os sobreviventes do dilúvio eram originalmente um povo de uma só língua que decidiu estabelecer sua reputação construindo uma torre que alcançasse o céu. Mas, quando Deus viu o que eles estavam fazendo, confundiu a fala de todos, e os espalhou pela face da terra – e a torre ficou inacabada.

Como pode ser errado o mundo todo ter um só pensamento e uma só fala? Não é a multiplicidade de línguas, culturas e crenças a grande fonte de desentendimentos entres os vários povos do mundo? Secretamente, não preferimos os amigos que pensam e falam como nós, comem a mesma comida, leem os mesmos romances, assistem aos mesmos eventos esportivos e compartilham as mesmas opiniões? Não nos deixa pouco à vontade passar tempo com pessoas cujo modo de vida é muito diferente do nosso? Em suma, não seria melhor se fôssemos todos o mesmo? Talvez não.

Porque a história nos mostrou através de muitos exemplos, da Inquisição à ascensão do fascismo, o que acontece quando uma única noção do bem e do mal prevalece.

Babel é em geral interpretada como uma história sobre a insensatez do orgulho humano. Na realidade, o impulso por trás da torre não é o orgulho, mas a insegurança. O movimento de criar um povo – de uma só cultura, uma só linguagem e uma só religião – não pode surgir de nada mais. Pense nisso. O que nos leva a converter nosso vizinho para a nossa maneira de pensar? São apenas preocupações políticas ou religiosas que nos motivam? Não seria apenas a resposta a uma necessidade muito simples, universal: a de nos sentir enraizados em nossas crenças morais e religiosas, sentir a terra sólida sob nossos pés?

Infelizmente, a terra não é sólida, e nunca foi – desde o alvorecer dos tempos. Fora da crença, não há base para a vida neste ou em qualquer outro mundo. Fora a crença, não há lugar onde ficar. A crença é primária. A crença é fundamental. E todos e cada um de nós é responsável por onde ficamos. Somos responsáveis por aquilo em que cremos, e esse fato é aterrador. Quanto mais gente se engajar em nosso sistema de crença específico – seja social, religioso, científico –, mais seguros nos sentiremos. Quanto mais gente o abraça, mais fé temos em nós mesmos como árbitros do certo e do errado em última instância – quer dizer, mais fé temos em nossa "individualidade". Naturalmente, aquelas pessoas cujas crenças são diferentes podem representar um desafio para esse sistema e essa individualidade, e nesse caso temos de convertê-las, ou provar que estão erradas. Em casos extremos, podemos até ter de destruí-las para proteger aquilo em que acreditamos. Claramente, as crenças coletivas de tal "sistema de crenças" não são a mesma coisa que a crença em Deus. Na verdade, são antitéticos a uma verdadeira crença.

Deus compreende que o povo de Babel está construindo mais do que apenas uma torre. A torre é apenas um símbolo. Portanto, ele nada faz para derrubá-la, o que presumivelmente poderia ter feito. Em vez disso, ele ataca o âmago do problema, confundindo a linguagem das pessoas para que não mais possam encorajar uns aos outros em sua ilusão coletiva. Ele os espalha pela face da terra, proporcionando a oportunidade de uma multiplicidade de culturas e crenças, porque só dessa maneira pode protegê-los deles mesmos.

Podemos crer na individualidade ou podemos crer em Deus, mas não podemos crer em ambos. Claro, todos vivenciamos a individualidade como realidade. Cada um de nós tem um nome, uma história pessoal, um conjunto único de relações com outras pessoas e com o mundo. Mas por isso mesmo não há necessidade de acreditar nela. A individualidade é apenas um fato. Não implica realmente o poder da crença. Não é necessário crer nela porque a vivenciamos diretamente. Com Deus é diferente.

Deus está além do fato e da ficção num âmbito que ultrapassa tudo o que podemos esperar alguma vez compreender. Deus está além de nosso quadro de referências, além do quadro da própria realidade, e como origem e destinação final de todas as coisas. Nosso único acesso a ele é através da crença. Se cremos nele, podemos vê-lo. Se não, não o vemos. Usualmente, dizemos ver para crer. Mas é inapropriado aplicar essa lógica cotidiana aos assuntos do espírito ou do coração. Para compreender as verdades do espírito, precisamos chegar à compreensão de que o contrário é verdadeiro: crer para ver. Não podemos ver nenhum sinal da presença de Deus antes de crermos.

Em meados da década de 70, cursando a faculdade na zona rural do Tennessee, tive o privilégio de conhecer um mestre zen chinês que encarnava a presença de Deus mais do que qualquer outra pessoa que já conheci, embora eu não tenha reconhecido isso na época. Eu tinha acabado de voltar de um ano fora, durante o qual estudara num mosteiro budista no estilo japonês no norte do estado de Nova York, onde desenvolvera expectativas um tanto inflexíveis quanto à aparência que devia ter e como devia agir um mestre zen. Consequentemente, tudo em Deh Chun me desconcertava.

No dia seguinte a meu retorno à universidade, minha professora de história da arte, ao saber que eu passara um ano estudando o zen, observou casualmente que havia um mestre Ch'an (zen chinês) vivendo feliz em meio aos caipiras locais no fim de uma rua na cidade próxima de Monteagle. Ele era excêntrico, ela avisou, mas bem possivelmente um dos melhores pintores de paisagem tradicionais a ter sobrevivido à Revolução Cultural.

Cheguei ao pequeno apartamento de dois quartos atrás do Dairy Queen de Deh Chun e encontrei alguém ainda menor e mais frágil do que esperava, usando calça e paletó esporte obtidos no Exército da Salvação. Se ele tinha hábitos de monge, nunca os vi. Ainda, só uma vez, mais tarde, quando o convidei para jantar para conhecer meu professor de religião, vi que usava a dentadura. Não havia nada de impressionante em sua aparência. De fato, inicialmente eu não podia ter certeza se minha dificuldade em comunicar exatamente por que eu tinha ido vê-lo tinha relação com seus parcos conhecimentos de inglês, ou se ele tinha alguma deficiência mental – ou se, dada sua idade, estava senil.

Agora me pergunto se talvez não era eu quem tinha alguma deficiência mental. Aos vinte anos, era capaz de reconhecer algo em Deh Chun que não sabia identificar. Eu tinha certeza de que ele tivera o mesmo tipo de ruptura espiritual pelo qual eu passara um ano antes, mas, como ele nunca falava de assuntos assim comigo e se recusava expressamente a dizer qualquer coisa sobre o budismo, resolvi que ele não tinha nada a ensinar. Em vez disso, ele me convidava para almoçar ou tomar café da manhã, ou trabalhar em seu jardim, ou passear de carro nas montanhas, ou apenas sentar tranquilamente tomando chá junto ao fogão a lenha em sua casa escura, não iluminada, sem nada dizer de especial por minutos ou horas a fio.

E foi provavelmente por isso que optei por estudar formalmente com o mestre japonês que conhecera um ano antes em vez de com ele – porque Deh Chun não usava um hábito dourado, não punha seus discípulos em fila para a meditação matinal, e nunca o ouvi falando do budismo como o melhor ou o único caminho. Porque ele nunca me ensinou nada além das simples verdades da vida, como compartilhar a comida, o amor, o trabalho. Porque durante todo o tempo em que o conheci ele não me ofereceu nenhuma desculpa para abandonar minha simplicidade, para pensar em mim mesmo como especial, ou para colocar o budismo, ou qualquer outra coisa, entre mim e Deus. A religião de Deh Chun era tão simples que era invisível – como se de fato não estivesse lá. Só muitos anos depois, quando eu estava pronto para assumir os deveres formais de um mestre zen, ocorreu-me que tinha deixado de perceber algo vital quanto a Deh Chun. Ele, sem fazer estardalhaço ou chamar a atenção, dera a mim um relance da verdadeira crença religiosa – e depois disso ficou impossível continuar a construir a torre zen com que eu me ocupara por tantos anos.

A crença é um olho mágico pelo qual vemos outro mundo. Pode ser uma abertura muito pequena, mas até essa é o bastante. Esse mundo foi chamado de vários nomes em culturas diferentes: o céu, a terra pura, os campos elíseos ou o reino de Deus. Mas não temos acesso a esse mundo a não ser pela crença. "Porque andamos por fé e não por visão" (2 Coríntios 5:7), diz Paulo. Enfim, precisamos simplesmente abrir nossos corações e crer.

A história de Babel é toda sobre a perda dessa experiência individual de Deus. É por isso que no fim da história Deus diz a seus anjos: "Vinde, desçamos e confundamos ali a sua linguagem, para que não entendam a linguagem um do outro" (Gênesis 11:7); Deus não quer um povo de uma linguagem e um pensamento – que negocia seu poder coletivo para uma noção de propósito e sentido no mundo. Ele não deseja uma cultura monolítica convencida da infalibilidade de sua própria visão moral. Ele quer um relacionamento com cada indivíduo da maneira mais favorável e única possível. Mas, para isso poder acontecer, precisamos estar preparados para crer por nós mesmos.

Uma fábula hindu, também recontada pelo Buda, conta a

história de um rajá sábio que uma vez ordenou que todos os cegos de seu reino fossem reunidos. Quando estavam todos juntos, fez com que um elefante fosse trazido para o meio deles. Guiando-os até o animal, ele pôs as mãos de um deles na presa, as mãos de outro na cauda, e assim por diante, com a tromba, a perna e todas as outras partes do bicho. "Este é um elefante", disse a eles. "Agora me digam o que acham dele."

E então cada cego começou a oferecer sua opinião. O que tocara a presa disse, "um elefante é como um arado". O que tocara a cauda disse: "Não, um elefante é como um espanador para espantar moscas". O que tocou a perna disse: "Não, também não é assim; é exatamente igual a uma árvore". E assim por diante. Um por um, cada cego ofereceu uma opinião baseada na parte do animal que tocara. Mas o rajá apenas riu.

Cada um de nós é um cego tocando um elefante no que concerne a Deus. E é assim que deve ser. Por mais convencidos que possamos nos sentir do acerto de nossa visão moral ou teológica, nunca tocamos mais do que a menor parte de Deus. Mas isso não é um problema enquanto permanecemos humildes e abertos. Não é um problema desde que nos permitamos ser informados por outros pontos de vista.

É por isso que Jesus uma vez observou a seus discípulos: "Pois onde dois ou três estão congregados em meu nome, ali estou eu no meio deles" (Mateus 18:20). Quando os cristãos leem essas palavras hoje em dia tendem a interpretá-las como uma convocação à igreja ou a alguma outra forma de associação religiosa. Mas eu me inclino a achar que, se Jesus estivesse aqui hoje, iria pensar numa reunião incluindo judeus e muçulmanos, e bem possivelmente um eremita budista chinês para fazer para todos o café da manhã ou uma xícara de chá.

5. Indo adiante

Ora, o Senhor disse a Abrão: Sai-te da tua terra, da tua parentela e da casa de teu pai, para a terra que eu te mostrarei.

Gênesis, 12:1

A Bíblia nada diz sobre a vida de Abrão, o fundador do monoteísmo ocidental, antes do momento em que Deus diz a ele: *lech-leecha*: "Vá adiante!". Uma lenda judaica, todavia, também repetida no Alcorão, conta-nos que seu pai, Terah, era um próspero fabricante de ídolos que entalhava os deuses de madeira adorados pelo povo de sua cidade natal, Harã.

De acordo com a história, numa noite em que seu pai não estava, o jovem Abrão pegou um machado e destruiu todos os ídolos da oficina, exceto um. Então, amarrando o machado na mão do deus com um pedaço de corda, ele esperou calmamente seu pai voltar.

Quando Terah viu a destruição, imediatamente acusou Abrão, mas este apontou o deus remanescente e afirmou: "Aquele grande ficou furioso com os outros e os despedaçou todos".

Isso deixou Terah mais irado do que nunca. "Esses deuses são feitos de madeira!", exclamou. "São incapazes de movimento ou ação." E então Abraão disse a seu pai: "Não deveriam seus ouvidos ouvir o que sua boca está dizendo?".

O que significa partir de seu país, de sua família e da casa de seus pais? Não significa desistir de todos os nossos ídolos, todas as fontes de segurança e identidade que nos servem como sinais internos e externos de pertencer, fazendo nossas vidas parecerem sólidas e previsíveis? Não significa, na realidade, abandonar a segurança da tribo?

Poucos de nós hoje em dia se sentem pertencentes a uma "tribo". A palavra traz à mente uma época mais primitiva em que as pessoas viviam em grupos sociais menores, mais homogêneos. Mas a natureza humana mudou muito pouco em quatro mil anos, e nossas identidades não são menos tribais hoje do que eram outrora.

O que define uma tribo é um conjunto de crenças interpretadas como fatos. Podemos crer que não há nada demais em ser homossexual, ou podemos crer que a homossexualidade é um pecado. Podemos acreditar no que pode ser provado pela ciência, ou que as escrituras são a autoridade final sobre o mundo. Podemos pertencer à tribo dos que creem em Deus, ou à tribo dos que não creem. Mas, se interpretarmos cada uma dessas crenças de maneira que nos separe de outros, então teremos dado um passo para longe da própria crença, que sempre se apodera de nós, como mão na luva, revelando nossa humanidade comum como primeira e última. O objetivo da vida é fazer a jornada *em direção* a esse tipo subjetivo, puramente humano, de crença, não para longe dele. Mas para fazer isso precisamos empreender um tipo de jornada um tanto peculiar, cujo destino necessariamente sempre está dentro.

A história de Abraão, como ele mais tarde veio a ser conhecido, é uma maneira de nos mostrar, em termos dramáticos, exteriores, como essa jornada interior ocorre. Deus fala com Abraão (não sabemos de que forma), e diz a ele que irá abençoá-lo e fazer-lhe uma grande nação, mas ele precisa deixar para trás tudo o que conhece e viajar para uma terra que Deus irá lhe mostrar. É sempre assim – céu, Canaã, a terra prometida. Sempre começamos partindo do mundo que conhecemos – aquele que podemos ver, ouvir, cheirar, provar e tocar – em busca de um mundo que não podemos imaginar. Paulo diz que andamos pela fé, não pela visão, e São João da Cruz ensina que temos de passar pela "noite escura da alma" para chegar a Deus. Ambas são maneiras de dizer que é impossível completar a jornada da crença sem deixar para trás o que sabemos.

A jornada espiritual não faz sentido na visão de mundo comum pela qual habitualmente fazemos tudo a nosso alcance para solidificar e defender nosso ponto de vista. Deus diz a Abraão: "Deixe tudo isso para trás". É evidente que *para onde* Abraão está sendo mandado não é simplesmente mais do mesmo – mais ídolos impotentes, mais autocentração, mais da mesma consciência socialmente condicionada, apenas vestida de maneira ligeiramente diferente. A ele está sendo pedido para fundar uma religião, mas uma religião que não é apenas mais outra identidade tribal, não apenas a individualidade vestida com um disfarce. O que quer que aconteça no fim, no começo é sempre mais do que isso. Podemos terminar com um padre ou rabino, mas é sempre como um Abraão que a jornada espiritual começa.

Uma jornada similar ocorre no começo do Novo Testamento, só que nesse caso a jornada não é exterior – a distância percorrida é apenas entre a cabeça e o coração.

O Evangelho segundo Mateus começa com uma genealogia testemunhando o fato de que Jesus descende de Abraão. Mas no último trecho dessa genealogia fica claro que, pelo menos no sentido biológico, Jesus pode afinal não descender de forma alguma de Abraão, pelo menos não por meio de José: "E Jacó gerou a José, marido de Maria, da qual nasceu Jesus, que é chamado o Cristo" (Mateus 1:16). "Da qual nasceu...". De acordo com a Bíblia, Jesus não é filho de José, mas de Maria, que ficou grávida quando noiva de José, suscitando, na melhor das hipóteses, um escândalo; na pior, a morte por apedrejamento. É só porque José se mostra disposto a divorciar-se dela discretamente que a catástrofe é evitada. Mesmo assim, a criança parece destinada a nascer fora do matrimônio, portanto não tem condição de cumprir seu destino no mundo. De fato, alguns versículos depois, quando José está considerando o que fazer, ele tem um sonho no qual um anjo lhe diz: "José, não temas receber a Maria, tua mulher, porque o que nela está gerado é do Espírito Santo" (Mateus 1:20).

Deus nos fala em sonhos, e em tranquilos momentos acordados, como se do poço sem fundo de nosso ser, numa voz que se eleva clara e distinta do centro, como o som da pura água doadora de vida. Às vezes jogamos uma pedra nesse poço e esperamos ouvir um som das profundezas lá embaixo. Isso é o que chamamos de oração. É isso que José faz quando adormece pensando no que fazer quanto a Maria, não orando de forma consciente talvez, mas da maneira de um homem às voltas com um problema aparentemente insolúvel até tarde da noite.

Não há problema do ponto de vista tribal. José pode se curvar à letra da lei judaica e se considerar uma boa pessoa aos olhos da sociedade na qual vive: "Então levarão a moça à porta da casa de seu pai, e os homens da sua cidade a apedrejarão, até que morra; pois fez loucura em Israel, prostituindo-se na casa de seu pai; assim tirarás o mal do meio de ti" (Deuteronômio 22:21). Mas é claro que José não consegue se decidir a fazer isso. Acha difícil considerar até mesmo o costume aceito de divorciar-se dela antecipadamente. Talvez ame Maria. Não sabemos. Só nos é contado a respeito do sonho e do anjo. É a maneira de a Bíblia nos contar que uma profunda transformação ocorreu, uma revolução interna que permite a José ser o parteiro do nascimento da misericórdia e da salvação no mundo.

Não somos, a maioria de nós, pioneiros espirituais. Não vivemos no começo de uma grande época religiosa, como Abraão ou, como José, no meio dela, quando o costume tribal em grande medida substituiu a crença em Deus. Vivemos numa época em que crenças religiosas tradicionais colidem com tamanha força que ameaçam destruir umas às outras, por meio da própria violência ou do declínio moral que virtualmente sempre adere àqueles que cometem essas violências, ironicamente destruindo de dentro o próprio impulso espiritual que procuram proteger atacando uma à outra.

Um novo destino espiritual está à nossa frente como pessoas vivendo numa era global, e esse destino consiste em escolher um Deus que ama toda a humanidade com igual paixão – e toda a natureza também – em vez de uma multiplicidade de falsos deuses que criamos com propósitos egoístas, para proteger nossas sociedades individuais e nós mesmos. Como Abraão, uma nova terra nos está sendo mostrada. Como a José, está sendo pedido que sejamos os parteiros do nascimento da misericórdia e da salvação no mundo.

Tenho de admitir que, mesmo não sendo cristão havia muitos anos na época em que descobri isso, ainda assim fiquei chocado e, verdade seja dita, um pouco desconsolado ao saber sobre a genealogia de Jesus. As crenças tribais sempre demoram para morrer – em especial aquelas com as quais crescemos. Sempre tivera como certo que Jesus descendia em linha direta de Davi, Ruth e Jacó, de Abraão. De algum modo parecia uma parte importante da autoridade espiritual de Jesus e da lógica patrilinear da Bíblia que a "semente de Jessé" tivesse sido cuidadosamente passada adiante. Mesmo em meus anos como budista, em que não mais acreditava que Jesus era o filho de Deus, de alguma forma ainda acreditava que era o filho de Davi, como tinha ouvido e lido em voz alta na igreja todos os Natais de minha vida. No entanto, a simples verdade estava ali na Bíblia para quem quisesse ver. Jesus era filho de Maria, não de José. E a genealogia de Maria não é listada em lugar nenhum da Bíblia.

Embora eu não saiba se a versão a seguir dos eventos é mais verdadeira do que a que aprendi na escola dominical, há uma espécie de lógica espiritual nela que transcende o vínculo humano a linhagens e outros símbolos de autoridade espiritual. De acordo com uma teoria, o pai de Jesus pode ter sido, na realidade, um soldado estacionado na Palestina como parte da força romana de ocupação, o que explicaria o horror que as pessoas sentiram ante o que de outra forma seria uma ocorrência banal. Não é uma explicação particularmente inspiradora, mas hoje em dia eu quase a prefiro em vez daquela com a qual fui criado, porque responde a uma pergunta que sempre fiz, mesmo quando criança, sobre como Jesus poderia ter sido "concebido pelo Espírito Santo", como sustentam a Bíblia e o Credo dos Apóstolos.

Não que Jesus não possa ter sido concebido de uma forma milagrosa. Quem pode saber? Em meus anos de busca espiritual, testemunhei coisas que ninguém pode explicar. Mesmo assim, se permitirmos que um milagre sobrenatural menor substitua outro maior, inteiramente natural, perderemos a mensagem da história. O verdadeiro milagre, a verdadeira vinda do Espírito Santo, não acontece apenas por meio de Maria, mas também de José, no momento em que ele resolve deixar de lado o boato, a reputação e as limitações das convenções sociais e aceitar esse filho de seu rival (e, tanto quanto ele saiba, talvez o filho de seu inimigo romano) como seu. Esse é o verdadeiro milagre da história, o momento de "ir adiante", sem o qual não haveria jornada em direção de uma nova aliança de misericórdia e perdão, sem a qual nem mesmo Jesus existiria. Qualquer que seja a semente que o Espírito Santo tenha plantado no útero de Maria, jamais teria crescido ali se não fosse por José.

Enfim, não é pela virilha de José, mas por seu coração, que Jesus vem ao mundo. E nessa transformação ele é unido, não apenas pelo sangue, a uma linhagem que remonta ao menino que destruiu os ídolos de seu pai, através de uma revolução interna que ocorre no momento em que ele ouve a voz do anjo, destruindo o egoísmo das proscrições religiosas feitas pelo homem para que a semente do espírito possa crescer. Não é de estranhar, portanto, que, ao crescer, Jesus pense em Deus como pai amoroso. Considere o pai que ele teve.

6. O amarrar de Isaac

E disse: Toma agora o teu filho, o teu único filho, Isaac, a quem amas, e vai-te à terra de Moriá, e oferece-o ali em holocausto sobre uma das montanhas, que eu te direi.

Gênesis 22:2

O filósofo dinamarquês Soren Kierkegaard afirmou sobre o que é provavelmente o episódio mais perturbador de todo o Gênesis, se não da Bíblia inteira: "Embora Abraão desperte minha admiração, ao mesmo tempo ele me estarrece".

Como todo mundo que alguma vez leu a história do pai disposto a sacrificar seu filho, Kierkegaard sentiu uma mescla de assombro pelo fato de a fé de Abraão ser tão intensa e de horror pela mesmíssima razão. Mesmo assim, reconheceu em Isaac amarrado algo que tocava o nó de nosso sofrimento comum neste mundo. "Aquele que tiver explicado este enigma", confessou, por fim, "terá explicado minha vida".

Quando jogamos a pedra da oração nas profundezas de nosso ser, não há como saber o que poderá vir delas. Deus fala a Abraão na calada da noite, quando todos os outros estão dormindo, ordenando que sacrifique seu filho no alto de uma montanha à qual ele vai ser guiado. Talvez a voz de Deus tenha vindo a ele num sonho; não ficamos sabendo. Tudo o que nos é contado é que ao amanhecer ele se levantou para cumprir a ordem de Deus, cortando madeira para o fogo e reunindo seu filho Isaac e dois servos para a jornada. Quando Isaac pergunta: "Onde está o cordeiro para o holocausto?", Abraão apenas responde: "Deus providenciará ele mesmo um cordeiro para o holocausto" (Gênesis 22:8).

A ideia de que Deus pode fornecer uma alternativa menos terrível (como de fato acontece) pouco faz para diminuir nosso horror diante de tal resposta, porque Abraão poderia igualmente estar se referindo ao próprio Isaac. Não é o próprio filho de Deus referido como "cordeiro" mais tarde na Bíblia? E esse filho não é sacrificado no fim? Há pouca razão para esperar um desenlace positivo, e, de fato, quando o momento da verdade afinal chega, Abraão se mostra inteiramente disposto a matar sua própria carne e sangue.

Não há como contornar isso. Como costumam ser os fatos na Bíblia, a disposição de Abraão de sacrificar seu filho tem toda a teimosa intransigência de uma pedra. Podemos insistir que ele sabia o tempo todo que Deus iria intervir, se isso nos ajuda a tolerar o que de outro modo é impensável. Mas a verdade é que não há hesitação nenhuma nas ações de Abraão. O próprio anjo, enviado por Deus para testemunhar o desenrolar do evento, parece compreender isso muito bem. No último momento possível, ele grita: "Abraão! Abraão!", repetindo o nome para ter certeza de que foi ouvido. "Não estendas a tua mão contra o menino, e não lhe faças nada. Agora eu sei que temes a Deus, pois não me recusaste teu próprio filho, teu filho único" (Gênesis 22:11,12). Nesse momento Abraão levanta os olhos e vê um cordeiro com seus chifres enroscados num arbusto, e o oferece no lugar de seu filho.

A única coisa que torna essa história tolerável para a maioria das pessoas é o conhecimento, oferecido logo na primeira linha, de que Deus estava "tentando" Abraão ao lhe pedir que sacrificasse o filho. Em outras palavras, sabemos desde o começo o que Abraão não sabe: o episódio todo é apenas um teste. Mas então isso levanta uma aterradora questão: terá Abraão passado ou não? Se, ao se mostrar disposto a sacrificar seu filho, ele passou no teste, não poderia o mesmo ser pedido a nós? E se ele não passou pela mesma razão, provando-se supremamente sem valor como pai e marido, que chance têm as pessoas comuns, com valores comuns, de alguma vez encontrar o favor de Deus?

O amarrar de Isaac há muito é interpretado como o exemplo definitivo da fé. Parece apresentar um homem cuja crença em Deus é tão resoluta que ele está disposto a sacrificar tudo por ela. Mas não acredito que esse é o eixo da história no fim das contas. A crença é interna. Não requer demonstração externa. Você a tem ou não, e nenhum tipo de sacrifício, por mais terrível ou extremo ou teatralmente desempenhado, alterará esse fato em nenhuma das direções. Nós cremos ou não cremos; é simples assim.

Mas, então, por que Abraão precisa ser testado? Se Deus realmente falou com ele e ele não é apenas mais outro desses pais superestressados, psicóticos, que ouvem vozes lhes dizendo para matar seus filhos, qual o objetivo de lhe dizer para sacrificar seu filho? Se é lealdade o que Deus espera de Abraão – outra palavra que significa fidelidade à tribo –, é um teste horrível, indigno de qualquer Deus que não seja totalmente implacável e sedento de sangue. Se, por outro lado, é a crença de Abraão que está sendo testada, para mostrar a Deus – e presumivelmente ao próprio Abraão – qual a posição dele, precisamos ler a história de maneira muito diferente. Então ela se torna uma história sem nenhuma implicação tribal.

Anteriormente, falei sobre a necessidade da crença singular naquilo que chamamos de Deus, em vez da multiplicidade de crenças que compõem uma visão de mundo religiosa ou cultural. O que está sendo testado na história de Abraão e Isaac é se Abraão possui ou não essa crença transcendente singular ou apenas sua contrafação terrena, a crença por inteiro ou pela metade. Enfim, parece que a primeira é verdadeira.

No final, Abraão olha para cima e encontra o animal com os chifres presos no arbusto e o sacrifica no lugar de seu filho. É o momento de sanidade que todos nós estávamos esperando, por mais decepcionante que possa parecer do ponto de vista moderno quanto aos direitos dos animais. O momento em que Abraão se desvencilha do inteiro evento de pesadelo, e se dá conta de que o que Deus *pediu* não é o que Deus *pretende* – que o filho de Abraão viva e seu povo seja abençoado, é um momento de transcendência – bem literalmente um momento de "olhar para cima".

A difícil situação de Abraão, embora sendo seu mais extremo exemplo, é ainda assim uma que enfrentamos o tempo todo. Em algum momento de qualquer dia, olhamos para aquele lugar estreito onde nossas opções se reduziram a praticamente nenhuma para descobrir que, em nosso esforço para calcular as probabilidades da vida a nosso favor, deixamos Deus fora da equação. Esse momento de olhar para cima é ao mesmo tempo um momento de lembrar de Deus e um momento de libertação, momento em que devemos nos lembrar de que, qualquer que seja o problema que estejamos enfrentando, qualquer que seja o mau pedaço em que possamos estar naquele instante, Deus não é o problema, mas a solução. De fato, Deus *nunca* é parte de nosso problema. Ele nunca sobe conosco na caixa estreita de nossa maneira de pensar condicionada, mas espera do lado de fora pelo momento em que lembraremos dele de novo. É sempre um momento de júbilo. Mesmo quando a solução é apenas relaxar e, como diz a expressão, "entregar a Deus".

Até o momento na história em que Abraão vislumbra o cordeiro, ele é quase um autômato. Sua falta de emoção durante o episódio todo pareceria indicar que está tomado por uma compulsão irresistível de agir contra a sua natureza, e que ele é, com efeito, como uma bola correndo num sulco. Por essa razão, houve quem sugerisse que o episódio é uma evocação dos tempos em que as pessoas realmente acreditavam que *tinham* de oferecer sacrifícios humanos para os deuses para apaziguá-los, e por essa lógica Abraão teria todo o direito de matar Isaac, do mesmo modo que José estaria justificado pela lei judaica a fazer com que Maria fosse apedrejada. Mas claro que Abraão não quer matar seu filho, tanto quanto José não quer que Maria morra, e ele percebe no último momento possível que Deus também não quer esse tipo de sacrifício.

O que Deus de fato *quer* é a crença. Mas não para a sua própria satisfação. Deus quer a crença porque apenas a crença num poder além do indivíduo pode nos fazer olhar para cima, desse modo nos libertando para agir de acordo com as circunstâncias conforme elas mudem. O que Deus quer, e os seres humanos precisam, é a flexibilidade da crença que acompanha um relacionamento em curso. É por isso que hoje em dia eu gosto do lema da *United Church of Christ:* "Deus ainda está falando". Num mundo em que Deus ainda está falando, olhamos para cima para encontrar o cordeiro no arbusto. Num mundo onde Deus está silencioso, são apenas nossas próprias vozes que ouvimos, e Isaac sempre morre.

7. Jacó e o anjo

Jacó ficou só; e alguém lutava com ele até o romper da aurora.

Gênesis 32:24

Quando somos jovens, podemos evitar nossos problemas – ou ao menos ignorá-los, até certo ponto. Quando ficamos mais velhos, todavia, chega um momento (usualmente um momento de crise) em que todos voltam para casa, um momento em que precisamos enfrentar as questões que nos seguiram durante toda a nossa vida e finalmente lidar com elas – ou não. É onde encontramos Jacó na noite de sua luta com o anjo.

Jacó está viajando de volta para sua terra natal, da qual ficou exilado por vinte anos. Ali ele terá de confrontar seu irmão, Esaú, que, tendo sido privado da bênção de seu pai por Jacó, jurou matá-lo. Mais cedo naquele dia, um grupo de batedores retorna ao acampamento de Jacó para lhe dizer que o próprio Esaú está se aproximando com quatrocentos homens. Apesar de ter acumulado uma grande riqueza durante seu exílio em Harã, e portanto presumivelmente ter seus próprios homens, Jacó fica preocupado. Ele está viajando com sua esposa e filhos.

Naquela noite Jacó oferece uma oração a Deus que começa assim: "Sou indigno...", e conclui: "Salvai-me, eu vos peço, das mãos de meu irmão Esaú, pois temo que ele me venha atacar, sem poupar nem mãe nem filhos" (Gênesis 32:11). Depois ele manda seus servos na frente com presentes para Esaú, e então leva sua família e todos os seus rebanhos para o outro lado do rio, e retorna para passar a noite sozinho – ou ao menos assim acha.

A vida espiritual sempre envolve uma luta pela crença. Nós às vezes dizemos daqueles que estão às voltas com alguma grande dificuldade que estão "lutando contra um vício" ou "lutando com um profundo problema pessoal". Parte deles diz uma coisa, e parte deles, outra. Em sua forma mais simples, a luta pela crença envolve a disputa entre a parte de nós que quer crer e a que não consegue.

No caso de Jacó, a luta é óbvia. Se ele cresse, teria ficado do outro lado do rio com sua família e suas posses. Mas ele não crê – ao menos não completamente –, de modo que o cair da noite o encontra de volta à margem, sem conseguir ir adiante com sua vida. O anjo aparece como uma maneira de tornar isso óbvio. Jacó tem de lutar com ele antes que possa seguir em frente.

Na luta pela crença, duas forças agem dentro de nós: a fé e a dúvida. Do ponto de vista religioso, acha-se que a fé tem de prevalecer; do ponto de vista da visão racionalista científica, a dúvida (ou ao menos um saudável ceticismo) tem de reinar. Mas ambas são necessárias para a crença alguma vez se estabelecer dentro de nós. Se qualquer das duas forças sai vitoriosa nessa disputa, a batalha pela crença está perdida. Ou acabamos com uma fé que precisa defender-se contra as próprias dúvidas que alega ter vencido (mas na realidade apenas suprimiu ou projetou em outros), ou nos descobrimos cortados na raiz espiritual, com um buraco em forma de deus que nenhum racionalismo científico ou humanismo secular ou poder do mito jamais preencherá. Em ambos os casos falhamos em obter a única coisa que deixará nossos corações em paz e fornecerá a base para uma efetiva realização espiritual em nossas vidas.

Infelizmente, pelo menos no começo, a maioria de nós não luta pela crença. Quando a dúvida aparece, deixamos a fé ir embora imediatamente e nos afastamos – para a ciência, razão, indiferença ou uma vida puramente secular – ou então consideramos seu aparecimento como indício de fraqueza espiritual. Se é para termos fé, precisamos nos livrar da dúvida por qualquer meio, ou assim parece, e isso em geral significa simplesmente afastá-la. Sem a dúvida, entretanto, o melhor que conseguimos alcançar é a crença pela metade.

O problema, – na maioria dos casos, não é a falta de dúvida intelectual – tipo de dúvida favorecida pelo não crente, que tende a se concentrar no que pode ou não ser objetivamente demonstrado como verdadeiro. O que falta é a dúvida *subjetiva*, emocionalmente conectada, de que haverá alguém para nos salvar quando não pudermos salvar a nós mesmos. É isso o que significa "lutar com Deus". Significa perguntar, de maneira simples, mas profunda: "Deus, você realmente está aí?". É preciso ser corajoso para fazer uma pergunta assim, pois ela expõe nossa vulnerabilidade. Porque, uma vez que fazemos essa pergunta, já estamos começando a cair.

Não muito depois da experiência de achar que meu avião estava caindo, decidi começar a ler de novo a Bíblia após um lapso de mais de trinta anos. No fim das contas, parecia que o melhor a fazer era reconciliar-me com minhas raízes espirituais. Foi um pouco como voltar para casa depois de ter vivido várias décadas em outro país, onde se fala uma linguagem diferente e se vive segundo costumes inteiramente diferentes.

No começo, senti certa desorientação. Quanto mais eu lia, entretanto, mais descobria na Bíblia os mesmos ensinamentos espirituais que encontrara no budismo, só que expressos na linguagem com a qual eu crescera. E, quanto mais eu lia, mais convencido ficava de que foi *porque* eu estudara o budismo que era capaz de reconhecer esses ensinamentos. Tinham sido tão distorcidos pelo cristianismo com o qual eu crescera que não eram mais reconhecíveis sem alguma outra tradição para me orientar. Era como ler a Bíblia pela primeira vez.

Alguns meses depois, distribuí folhetos em Woodstock anunciando um novo tipo de estudo da Bíblia para o qual nenhum passado ou filiação religiosa era necessário. As pessoas apenas teriam de trazer suas perguntas sobre Deus e a Bíblia, e estar disposto a discuti-las com outros de maneira honesta e com a mente aberta.

Há uma conhecida piada religiosa que pergunta: "Qual o resultado do cruzamento de uma testemunha de Jeová com um unitário?". A resposta é: "Um homem de terno na sua porta que não faz a menor ideia de por que está ali". O humor aqui joga com o contraste entre aqueles cuja religião lhes diz exatamente no que crer e como crer, e aqueles cuja religião nada diz – ou, antes, diz tudo de uma só vez, o que dá mais ou menos na mesma.

Nosso grupo de estudo da Bíblia de Woodstock era um pouco assim, embora em nosso caso a questão poderia ter sido "qual o resultado do cruzamento de uma *ex*-testemunha de Jeová com um *ex*-unitário?" Desde o começo atraímos uma surpreendente diversidade de membros. Havia judeus e cristãos praticantes (aproximadamente na mesma proporção) junto a budistas, sufis e seguidores de meia dúzia de gurus indianos diferentes. Havia também ex-católicos e judeus não mais ortodoxos. Havia até um ex-unitário, e até mesmo uma ex-testemunha de Jeová. O que tínhamos em comum era o desejo de ler a Bíblia fora de um único contexto religioso e a disposição de compartilhar nossas variadas perspectivas e experiências ao longo do caminho.

Sete anos depois ainda nos reunimos toda quinta-feira à noite. Bebês nasceram, membros vieram e partiram e infelizmente alguns morreram. Durante esse tempo todo fomos em frente com apenas duas regras muito simples:

1. Questionar tudo.
2. Não jogar nada fora.

Nenhuma delas é particularmente digna de nota no que concerne ao estudo da Bíblia. Há muitos grupos que seguem uma ou outra dessas regras. Uma leitura puramente secular da Bíblia, por exemplo, permite-nos questionar qualquer coisa que lemos, enquanto a leitura fundamentalista preserva o sentido literal do texto. Mas a leitura secular usualmente requer que se jogue fora o que quer que não combine com uma abordagem modernista da história ou dos fatos científicos, e a leitura fundamentalista não tolerará diversas questões, ou às vezes até as próprias questões.

Nosso grupo era e continua a ser talvez único, por permitir que esses dois estilos de leitura coexistam. De fato, descobrimos no intercâmbio entre essas duas leituras da Bíblia um tipo de tensão que nos levou a avanços espirituais. Por outro lado, talvez não sejamos tão únicos assim. Pode ser que existam muitos grupos assim espalhados pelo País atualmente. É uma ideia cuja época chegou; assim, ninguém pode reivindicá-la como própria. Afinal, um grupo de estudo da Bíblia assim é meramente uma exteriorização da luta que já está acontecendo dentro de qualquer um que lute pela crença em Deus.

O que nos traz de volta a Jacó e o anjo.

A lição oculta da história é que não há nada de errado em lutar pela crença. Não só não há nada de errado como, às vezes, é até necessário que comecemos de um lugar de confusão e dúvida. Caso contrário, nunca saberemos ao certo se nossa crença em Deus é real ou uma contrafação, crença completa ou só pela metade.

No caso de Jacó a luta dura a noite toda. Quando o anjo vê a aurora chegando, ele toca o interior da coxa de Jacó e seu quadril se desloca. Ainda assim Jacó não desiste. Finalmente, quando a luta chega ao clímax, o anjo pergunta o nome de Jacó e, ao ouvi-lo, diz: "Não te chamarás mais Jacó, mas Israel; pois como príncipe lutaste com Deus e com os homens, e prevaleceste" (Gênesis 32:28).

O nome *Israel* é a chave de tudo. Literalmente, significa "luta com Deus", mas o sentido espiritual é provavelmente mais próximo a "*disposto* a lutar". Refere-se a uma pessoa que se compromete a aguentar a luta entre a fé e a dúvida até o fim, aquele que está disposto a insistir até que a verdadeira crença nasça. Mas isso nunca acontecerá enquanto evitarmos o encontro escapando para a dúvida – ou se abandonamos cedo a luta, e declaramos a fé vencedora antes de termos verdadeiramente lutado. Temos de insistir até o fim.

Quando Jacó faz isso, o anjo lhe diz que ele "lutou com Deus e com homens e prevaleceu". Mas como isso é possível? Na luta entre a fé e a dúvida não pode haver um vencedor. Não podemos fazer a crença por conta própria. Apenas cair e ser resgatado por Deus faz um crente. E essa é a única coisa que nunca podemos fazer por conta própria, não importando por quanto tempo lutemos ou quão tenazmente insistamos.

Finalmente, a própria batalha é uma ilusão. Jacó vivencia a vida como uma luta, como todos fazemos, mas a simples verdade é: não há lugar mais seguro para Jacó do que nos braços do anjo. No momento da luta ele *já* está sendo segurado por Deus. A crença vem no instante em que ele percebe isso. E nesse instante a batalha acaba. O sol nasce para encontrá-lo mancando através do rio Jabok para encontrar seu destino com o coração aberto, tendo nomeado o lugar onde lutou com o anjo Peniel, ou "face de Deus". Muito apropriado.

8. O nome de Deus

Então disse Moisés a Deus: Eis que quando eu for aos filhos de Israel, e lhes disser: O Deus de vossos pais me enviou a vós; e eles me disserem: Qual é o seu nome? Que lhes direi?

E disse Deus a Moisés: Eu sou o que sou. Disse mais: Assim dirás aos filhos de Israel: Eu sou me enviou a vós.

Êxodo 3:13,14

Não deveria ser surpresa Moisés querer colocar Deus dentro de uma caixa – é o que todos nós fazemos. Ante o inexplicável, imediatamente tentamos interpretá-lo em termos do que já sabemos. O que conhecemos são palavras, e reduzir alguma coisa a uma palavra é sempre nosso primeiro passo para ganhar controle sobre ela. Mesmo as palavras "mistério inefável" são exatamente isso, a tentativa de colocar um rótulo em alguma coisa que não compreendemos. É por isso que Deus responde a Moisés: "Eu sou o que sou". Chamar a si mesmo de qualquer outra coisa seria reduzir a verdade a ponto de o nome não mais ter qualquer relação com a coisa descrita. Chamar a si mesmo de qualquer outra coisa seria, em certo sentido, afirmar uma mentira.

No caso de Moisés, o mistério inexplicável é um arbusto que queima mas nunca se consome. Cuidando de seu rebanho, Moisés sai do caminho para contemplar essa maravilha, e então a voz de Deus o chama do arbusto, dizendo-lhe que foi o escolhido para libertar os israelitas de seu cativeiro no Egito. Moisés não esperava nada parecido, e não tinha ideia de como fazer isso, de modo que imediatamente tentou achar um jeito de escapar de sua própria luta particular com Deus.

"Quem sou eu, para ir ao Faraó e tirar do Egito os filhos de Israel?", pergunta (Êxodo 3:11). Mas, quando se trata da Bíblia, a resposta para tais perguntas é sempre a mesma. O próprio Deus cuidará para que isso aconteça. Moisés só precisa partir.

Finalmente, quando parece impossível evitar o encargo, Moisés faz uma pergunta aparentemente simples (quando os israelitas perguntarem, quem eu devo dizer que me enviou?), para receber uma resposta tão misteriosa e inexplicável quanto o arbusto em chamas.

"Eu sou o que sou." É quase o mesmo que não responder à pergunta, o mesmo que dizer: "Apenas olhe o arbusto e se maravilhe! Se não pode entender isso – como o arbusto queima mas não fica queimado –, como entenderá toda a verdade, pois isso é apenas uma pequena partícula de quem eu sou". O nome pretende abrir a mente de Moisés tão amplamente que a vire do avesso, não para fechá-la dando a ele a ilusão de que há algum aspecto de Deus que pode controlar ou entender.

Eis algumas traduções contemporâneas do Nome de Deus, selecionadas mais ou menos ao acaso:

"Eu irei provar que sou o que provarei ser."
(new world translation)
"Eu sou aquele que sempre é."
(new living translation)
"Eu sou quem eu sou."
(new international version, new king james version, new revised standard version)
"Eu sou aquele que é."
(new jerusalem bible)

Todas as versões acima (exceto a *new world translation*, das testemunhas de Jeová) incluem uma nota de rodapé oferecendo uma tradução alternativa, a mais comum sendo "Eu serei o que eu serei". Talvez seja justo dizer que a maioria dos tradutores não tem certeza do que quer dizer. A *Jewish Publication Society* deixa isso particularmente claro em sua versão, ao se recusar a traduzir o nome, deixando que os leitores fiquem perplexos com o original hebraico, *ehyeh asher ehyeh*, que – de novo, de acordo com uma nota de rodapé – poderia significar "Eu sou o que sou", "Eu sou quem eu sou", "Eu serei o que serei" e por aí afora. Em outras palavras, ninguém sabe ao certo.

Isso não quer dizer que ninguém nunca tenha arriscado adivinhar. Literalmente milhares de teólogos e eruditos fizeram cada um a sua tentativa ao longo dos milênios. Alguns dizem que o "Eu sou" do Êxodo, que mais tarde veio a ser escrito como *Yahweh*, significa que Deus é puro ser, ou – para dar um viés mais moderno e ecumênico a isso – a "base do ser". Outros, talvez numa tentativa de reduzir Deus a um conjunto de proporções mais manejáveis e tribais, alegam que significa que o Deus de Israel será o que quer que ele precise ser para o povo judeu, e outros, ainda, que o nome significa que Deus é eterno: "Aquele que sempre é". Há até mesmo linhas esotéricas no judaísmo que veem nas letras hebraicas do nome o segredo do próprio cosmo, que pode ser compreendido através da meditação com o nome de uma forma prescrita em numerosos detalhes. Mas nenhuma dessas explicações realmente nos diz algo mais do que Deus disse a Moisés. Ninguém realmente sabe.

Moisés fez uma pergunta e a resposta o virou do avesso. Não é de estranhar então que mais tarde ele se torne tão irascível com os israelitas, que, como todos nós, preferem ter tudo visível e bem explicado. Ele é chamado por um Deus, cujo próprio nome é inconcebível, para fazer um serviço (libertar os israelitas do cativeiro) que é impossível mas de algum jeito acaba sendo feito por causa de Deus, é então levado a um deserto e, por fim, para o alto de uma montanha para falar com um Deus cuja face, por mais próximos que tenham sido esses encontros, ele nunca tem permissão de ver. O curioso é que ele crê nesse Deus e faz tudo o que esse Deus quer que ele faça. Deve ser porque ter sido "virado do avesso", embora tornando impossível se segurar a qualquer coisa, mesmo assim abre a mente para Deus. E assim, mesmo que Moisés não possa conceber tal Deus, muito menos vê-lo realmente, ele ainda assim de alguma forma se sente ao alcance de Deus, portanto sabe que ele está lá.

Mas não é aí que a história acaba. Se fosse verdadeiro que Deus é inconhecível, até mesmo através de seu nome, então teríamos pouca esperança de alguma vez acreditar nele, mesmo que, como Moisés, pudéssemos nos descobrir, de alguma forma mística, virados do avesso. A outra metade da história é que, uma vez dado um nome para Deus, podemos chamá-lo desse momento em diante, saibamos ou não o que esse nome significa.

O nome de uma pessoa acaba significando alguma coisa ao longo de nosso relacionamento com ela. No começo, mesmo o nome de alguém tão importante quanto um cônjuge ou um filho não tem muito sentido por si mesmo. Mas os nomes são úteis desde o início, como uma maneira de pensar sobre as pessoas, ou acompanhá-las, ou falar sobre elas com outros. Com o tempo, todavia, até a menção do nome da pessoa traz à mente certos pensamentos e sentimentos.

No caso de Deus, quanto mais cremos nele, mais poderoso fica o efeito de seu nome em nós – mesmo que esse nome não esteja no original hebraico, ou nem seja uma versão daquele nome, mas apenas a simples palavra "Deus" ou "Senhor". Podemos não ter ideia alguma sobre o significado último de tal palavra; ainda assim, significa muito para nós. De fato, pode acabar significando mais do que qualquer outra palavra que conhecemos. Torna-se o nome que chamamos quando estamos perdidos, ou esperançosos, ou agradecidos, ou simplesmente quando não sabemos a que mais recorrer. Pode ser o primeiro nome que gritamos quando o perigo se acerca de nós, e o nome que chamaremos com o nosso último fôlego.

Certa vez tive uma profunda experiência do poder do nome com uma mulher que até o fim de sua vida jamais professara qualquer crença em Deus. No caso, quando ela finalmente professou a crença, foi da maneira mais oblíqua possível. "Ore por mim", ela disse a minha mulher. Foi a última coisa que disse a ela.

Minha sogra tinha vindo ficar conosco no ano anterior, quando ficou claro que não mais podia viver sozinha na cidade ao sul de Cape Cod, onde passara a maior parte de sua vida adulta. Ela havia sido diagnosticada com arteriosclerose, e, devido à demência senil, vinha vivenciando períodos crescentes de desorientação que nos faziam temer por sua segurança. Não conseguia mais lembrar se tinha tomado seus remédios ou o café da manhã. Um dia o médico nos ligou para dizer que ela tinha ido quatro horas antes para uma consulta. Por alguma razão a enfermeira estava no consultório muito cedo naquela manhã, talvez para pôr em dia a papelada, e a ouviu batendo. Eram seis da manhã.

Pat tinha sido uma mulher difícil em muitos aspectos. Era teimosa e geniosa. Mas naquele último ano conosco algo aconteceu, e ela finalmente pareceu estar mais à vontade e realmente confiando em outras pessoas pela primeira vez na vida. Tínhamos ficado preocupados com a tensão que seria ela viver conosco, e, de fato, em alguns momentos era muito difícil. Mas não porque ela fosse difícil. Ela estava morrendo lentamente, e não havia nada que pudéssemos fazer quanto a isso. Era duro para todo mundo.

Seu fígado entrou em colapso (o preço de tomar tantos remédios para o coração, sem dúvida), e ela entrou em coma. Mas a enfermeira, uma grande mulher caribenha que tinha acompanhado a passagem para o além de incontáveis pessoas, assegurou-nos que Pat ainda podia ouvir o que dizíamos, então passamos a noite falando com ela e dizendo adeus. Mas o adeus tem dois lados. Difícil como era para nós dizer adeus a ela, parecia igualmente difícil para ela dizer adeus a nós. E assim, a certa altura, quando o resto da família tinha ido embora e até minha mulher tinha interrompido sua vigília por um breve instante, falei a ela por muito tempo sobre aquele poder além do indivíduo que nos pega quando caímos. Ela ainda resistia, tentando respirar, suspirando e gemendo com a tensão daquilo tudo. Então me ocorreu que, embora pudesse ter chegado a alguma espécie de crença no fim, uma confiança de que tudo ia ficar bem, e todas as espécies de coisas ficariam bem, ela podia ainda não ter um nome para isso. Eu tinha falado em termos de Deus e poder outro, mas talvez isso nada significasse para ela. Então, embora ainda não consiga dizer o que se apossou de mim para fazer tal coisa, comecei a recitar um após outro todos os nomes de Deus que eu tinha alguma vez ouvido em minha vida e todas as orações a eles associadas até não conseguir lembrar de nenhum mais – tudo, do Pai Nosso ao Sutra do Coração.

Finalmente, tendo dado a volta completa, retornei a um dos mais antigos nomes de todos – YHWH, o nome usado por Moisés. Não há como saber por que esse nome teve o efeito que teve, mas, quando comecei a recitar as letras muito lentamente próximo ao ouvido dela (... *yod... hey... vay... hey...*), ela foi ficando cada vez mais calma, até que finalmente soltou um grande suspiro e naquele momento minha mulher entrou de volta no quarto. Ela me pediu para levar a irmã dela para casa de carro para que pudesse descansar um pouco. No instante em que saímos do carro, ficamos sabendo que Pat se fora. Ela morrera nos braços de sua filha logo depois que eu saíra do quarto.

Moisés é a primeira pessoa na Bíblia a perguntar o nome de Deus e, não por coincidência, a única pessoa na Bíblia referida como "amigo de Deus". Ele é, portanto, o modelo para qualquer um cujo objetivo seja a proximidade com Deus. E onde essa proximidade começa? Com o nome.

Há aqueles cuja crença num certo nome para Deus é mais forte que sua crença no próprio Deus. Esqueceram a primeira verdade sobre o nome de Deus: que é essencialmente inconhecível. Acreditando que sabem o nome correto de Deus – seja ele YHWH, Vishnu, Alá, Senhor ou Jesus Cristo –, "tomam posse" daquele nome, embrulhando-o apertado em camada sobre camada de presunção, em vez de deixar que ele os vire do avesso. O resultado é que o Deus Único de que se fala na Bíblia se perde, sendo substituído por algo muito menor e mais manejável que pode se curvar a nossa vontade pessoal, ou à vontade mais ampla de uma tribo.

Outros esqueceram a segunda verdade. Eles bem podem ter sido virados do avesso pelo pensamento de Deus – um pensamento muito vasto para contemplar –, mas se descobrem incapazes de se relacionar com Deus de maneira simples, pessoal. Tais pessoas se sentem muito confortáveis com os vários significados modernos atribuídos ao nome de Deus – por exemplo, podem se sentir muito confortáveis pensando em Deus em termos de Ser, ou Espírito Puro, ou até o Nada. Mas não se sentirão confortáveis dizendo "Jesus", "Abba" ou "Senhor".

Para encontrar a amizade com Deus, como Moisés, precisamos permanecer abertos a ambas as verdades ao mesmo tempo. Precisamos ser sofisticados o bastante para saber que Deus é inconhecível, e simples o bastante para comparecer perante ele como uma criança. Escolher um em vez do outro é perder a oportunidade dada a nós de aprofundar nossa crença. Afinal, aqueles em quem acreditamos mais profundamente são aqueles que conhecemos mais profundamente.

9. O bezerro de ouro

Mas vendo o povo que Moisés tardava em descer do monte, acercou-se de Arão, e disse-lhe: Levanta-te, faze-nos deuses, que vão adiante de nós; porque quanto a este Moisés, o homem que nos tirou da terra do Egito, não sabemos o que lhe sucedeu.

Êxodo 32:1

Por que é tão fácil ter fé em um momento e tão difícil no próximo? Considere o ato de esperar, como os israelitas fazem, a chegada de alguém.

Há alguns anos pediram a minha mulher para fazer um discurso de nomeação numa convenção democrática local, um grande evento em Woodstock, onde a política é o principal esporte. Ela me disse que voltaria às dez da noite – onze o mais tardar –, mas por volta da meia-noite ainda não estava em casa. O evento estava acontecendo num teatro a sete quilômetros de distância, o tempo estava bom e as estradas entre o teatro e nossa casa eram retas e bastante boas. Mas à uma da manhã eu estava um caco. Por volta de uma e meia pensei: e se ela estiver morta, vitima de um acidente automobilístico inesperado? Eu conseguiria criar os filhos sozinho? Tínhamos feito um seguro de vida no ano anterior, de modo que dinheiro não seria problema, ao menos não no começo. Mas eu era mais do que incompetente na maioria das coisas práticas da vida familiar. Conseguia dirigir um mosteiro zen com facilidade, mas sempre queimava o queijo e meus filhos simplesmente se recusavam a tomar o chocolate que eu fazia nessas raras ocasiões em que nevava e Perdita não estava por perto. Liguei para a polícia e fui informado de que nenhum acidente tinha sido registrado. Ok, então eu podia riscar isso da lista. Em seguida comecei a pensar num incêndio no teatro, de modo que liguei de novo e perguntei se tinha havido algum problema na convenção.

"A convenção democrática?", perguntou o atendente. "Isso sim é algo com que se preocupar. Ouvi dizer que houve xingamentos que acabaram em troca de socos. Deve ter atrasado um pouco. Ela provavelmente estará em casa assim que conseguirem decidir quem vai ser o candidato a tesoureiro."

Ótimo, pensei. Então foi um tumulto. Ao menos não aconteceu um incêndio ou um acidente. Alguns minutos depois Perdita chegou, deu uma olhada para minha expressão e disse: "Meu Deus! Você ficou preocupado assim? Bom, nada a temer. Chega de convenções para mim. Foi uma loucura!".

Se algum membro da família nos diz que vai voltar para casa por volta das dez da noite, então até essa hora seguimos com nossos assuntos, seguros na crença de que tudo está bem. Uma vez que as dez horas chegam e passam, no entanto, começamos a nos preocupar. Se ainda não tiver chegado às onze, a maioria de nós começa a temer algo, e por volta da meia-noite estamos convencidos de que alguma coisa aconteceu. O que críamos num momento descobrimos ser impossível de crer no seguinte.

Esse é um retrato bastante realista da fé que a maioria de nós tem quando começamos a luta pela crença. Enquanto as coisas vão razoavelmente bem, é fácil crer. Mas essa espécie de crença tem sua falha virtualmente garantida, porque as coisas nem sempre vão razoavelmente bem. De fato, às vezes elas não vão nada bem. Nesses momentos, podemos lembrar o lema de Julian, segundo o qual tudo ficará bem, e encontrar algum reconforto nisso. Mas o mero fato de que temos de nos lembrar disso indica que não somos Julian.

Esse deve ser o pecado dos israelitas. Não é tanto o que eles fazem que causa o problema, mas o fato de que eles sentem necessidade de fazer algo, para começar. Moisés subiu a montanha, e está para voltar. Ou talvez não. Talvez esteja morto. Não sabem qual das opções, e nunca lhes pedem que saibam. Só lhes pedem que creiam no resultado final – de que tudo acontecerá da melhor forma possível, de acordo com o plano divino de Deus.

Claro, os israelitas não fazem isso; eles concebem seus próprios planos. Deus quer criar Israel nos desertos do Sinai, mas Israel tenta se criar por conta própria. Como os israelitas, volta e meia somos confrontados com a mesma lição: permita a você mesmo ser criado à imagem de Deus e não haverá jamais por que temer estar criando um ídolo; tente criar-se a si mesmo, e não há nada que possa fazer que *não seja* um.

Por alto, a história do bezerro de ouro parece ser sobre como não devemos construir ídolos, e o que acontece quando o fazemos. Mas não explica o que é um ídolo realmente, além da estátua de ouro que os israelitas criam em substituição a Deus.

Os ídolos são uma reação à ansiedade, e a ansiedade nasce quando acreditamos apenas em nosso poder, colocando-nos, portanto, no lugar de Deus. Tanto é essa a regra da vida que mal notamos que estamos fazendo isso mais uma vez. Nesse sentido, uma história como a do bezerro de ouro é enganosa, pois parece sugerir que criar um ídolo é um evento extraordinário, portanto algo que iríamos quase com certeza perceber que estávamos fazendo, quando na verdade fazemos automaticamente, sem nem pensar no caso. Uma adolescente está atrasada para voltar para casa. Ela é responsável o bastante por si mesma, mas seus amigos são um caso à parte, e um deles está dirigindo nessa noite. Assim que nossa ansiedade quanto a esse fato se instala, é quase certo que um ídolo fará sua aparição, e é esse ídolo que chamamos Deus. A rigor, esse Deus deveria ser nomeado com um **d** minúsculo, porque o deus a que recorremos em tais momentos é criação de nossa própria ansiedade e não Deus mesmo. Você pode chamá-lo de deus do trânsito, o deus "São Cristóvão" ou o deus das viagens seguras, e, porque sua visão e alcance foram assim limitados, começa a parecer possível fazer uma reivindicação especial para ele pela segurança de nossa filha.

Para um deus assim parece possível orar: "Pelos adolescentes nas ruas esta noite, alguns dos quais devem sofrer acidentes, e que a minha própria filha não esteja entre eles". Uma oração como essa parece absurda se oferecida àquele que os judeus chamam *Ribonno Shel Olam*, o "Senhor do Universo", que conduz todas as coisas para o melhor. Sobre esse Deus Único, Jesus nos diz: "Porque vosso Pai sabe o que vos é necessário, antes de vós lho pedirdes" (Mateus 6:8). *Tudo vai ficar bem, e toda a espécie de coisas ficará bem.* O que é necessário, em primeiro e último lugar, é a confiança. Infelizmente, quando estamos tão ansiosos assim, isso é algo quase impossível. Na maioria dos casos, não conseguimos nem fingi-la.

A coisa que mais define a humanidade é o livre-arbítrio, nossa capacidade de determinar as coisas por nós mesmos, às vezes também chamada de "vontade para o poder". Em essência, isso significa que sempre cremos que há algo que possamos fazer. Mesmo quando não há, e quando temos aquela sensação desalentadora de que as coisas estão completamente fora de controle, criamos um ídolo como uma maneira de retomar alguma sensação de poder – ou ao menos a ilusão dele –, porque um ídolo está sujeito a manipulações, e Deus, não.

Isso não quer dizer que Deus não responda a nossas orações. De fato, significa exatamente o contrário – que Deus está *sempre* respondendo a nossas orações. Não há nunca um momento em que nossas orações *não* estão sendo respondidas por Deus, mas, como em última instância não sabemos o que é bom ou mau para nós, ficamos irremediavelmente confusos quanto ao que na verdade precisamos ou queremos. Nossa perspectiva é limitada. E assim lutamos. Ocasionalmente estamos em sincronia o bastante com a vida para saber, em nossos corações, do que precisamos e orar para isso, e em tais momentos a resposta para nossas orações já está a caminho.

O Deus de todas as coisas – que mantém a conta de quantos cabelos temos em nossa cabeça e sabe a órbita correta dos planetas e para que servem os buracos negros –, esse Deus está eternamente além do poder de nossa influência. Por outro lado, Deus sendo o que é, não há necessidade de nossa influência. Somos sustentados por poderes além de nosso controle ou compreensão em virtualmente cada segundo de nossa vida. E, quando de fato o fim chega, e o corpo é jogado fora como uma pedra, Deus é o único que pode efetivamente saber de nosso lugar no esquema definitivo das coisas e é, portanto, o único que pode nos salvar. Por mais que desejaremos que fosse de outro jeito, existimos apenas pelo poder da vontade divina. Mesmo Jesus vivencia isso. Na noite anterior à crucificação ele ora no Jardim de Gethsemane: "Pai, se é de teu agrado, afasta de mim este cálice! Não se faça, todavia, a minha vontade, mas sim a tua" (Lucas 22:42), rendendo-se à graça de um poder além do dele.

Os ídolos são sustentados pela crença de que algumas orações são respondidas e outras não. Isso é exatamente o mesmo que dizer que algumas pessoas serão salvas e outras não. Em ambos os casos a lógica espiritual é a mesma. Há a crença de que Deus salva aqueles que se comportam de certa maneira, de acordo com certas regras ou normas religiosas em vez de se comportarem de acordo com outras. Mas uma crença assim é baseada não na fé em um deus amoroso, onipotente, mas em manipulações ansiosas de um deus limitado, que pode ser convencido a defender a causa de uma parte de sua criação contra outra. E esse deus "com **d** minúsculo" é sempre um ídolo, mesmo quando é referido como Yahweh, Alá ou Nosso Senhor Jesus Cristo.

No fim, nossos rituais e costumes tribais se tornam ídolos porque os colocamos entre nós e Deus – porque, por mais conectados a Deus que possam ter estado no início, sempre acabam se tornando uma coisa por si mesma. E esse é o caso não só para aqueles rituais e costumes que têm origem religiosa. Aplica-se também a governos, impérios, reinos e similares.

Quando Moisés finalmente desce a montanha, encontra uma cena peculiar se desenrolando no sopé do Monte Sinai. Sob a liderança de seu irmão Aarão, os israelitas produziram um ídolo do ouro coletivo de seus vários brincos. Quando Moisés vê isso, diz a Aarão: "Que te fez este povo para que tenhas atraído sobre ele um tão grande pecado?" (Êxodo 32:21).

Aarão explica que o povo ficou atemorizado porque Moisés – o líder deles, seu deus-no-lugar-de-Deus – estava demorando demais para descer a montanha. Enfim, em sua ansiedade, exigiram que algo fosse feito. "Eu lhes disse: Todos aqueles que têm ouro, despojem-se dele! E mo entregaram: joguei-o ao fogo e saiu esse bezerro" (Êxodo 32:24).

Isso é ao mesmo tempo uma mentira (presumivelmente o ouro não se moldou espontaneamente na forma de um bezerro) e uma verdade profunda sobre como os ídolos são feitos, porque – de fato – não temos de pensar sobre eles para criá-los. Na verdade, quanto menos pensamos sobre o que estamos fazendo, mais eficaz o ídolo que criamos.

Há muitos exemplos na vida de ídolos eficazes, ídolos que preenchem nossas necessidades tão perfeitamente que somos capazes de perder de vista o fato de que nós mesmos os fizemos; mas de longe o mais perigoso deles é o que chamamos "Deus", sem perceber que aquele cujo poder e autoridade evocamos não passa da individualidade disfarçada. Isso acontece sempre que defendemos nosso Deus como o Verdadeiro Deus, negando ou excluindo o Deus que é reverenciado por nosso vizinho.

Isso acontece por duas razões simples. A primeira é que alegações concorrentes da verdade nos deixam ansiosos; fazem-nos duvidar que o ídolo que criamos para nós mesmos é realmente o único Deus onipotente. A segunda é que realmente não conseguimos conceber a ideia do Deus Único, que está sempre presente para todos os povos em todas as culturas, um Deus além das fronteiras, além até da história, atento ao nascimento, à vida e à morte de todos os seres em todos os lugares, sem exceção. Não conseguimos conceber esse Deus, de modo que o reduzimos ao tamanho mais manejável de um ídolo, que se torna um substituto para Deus. Esse ídolo pode ser convencido a proteger a democracia do comunismo, defender os direitos dos cristãos contra os judeus, ou dos judeus sobre os muçulmanos, ou dos muçulmanos sobre os judeus. Pode ser usado para nos convencer de que apenas os ensinamentos de Buda são reais e verdadeiros, ou que aqueles que comem carne de porco estão condenados. Mas sempre permanece sendo simplesmente apenas isto: não o Deus Único da Bíblia, que inclui todas as pessoas e todas as coisas, mas um ídolo que fizemos para se adequar a nosso propósito – pelo qual iremos sofrer, e também fazer que outros sofram.

10. A morte de Moisés

O Senhor disse-lhe: Eis a terra que jurei a Abraão, a Isaac e a Jacó dar à sua posteridade. Viste-a com os teus olhos, mas não entrarás nela.

Deuteronômio 34:4

Pense numa gota de água em sua longa, sinuosa travessia até o mar. Começa com um único floco de neve em algum lugar nas montanhas, onde permanece por longos meses frios esperando o verão. Por fim chega o dia em que o sol toca a neve em volta dele, continuamente soltando uma fieira de pingos brilhantes das pedras da montanha. Dali ele é cuidadosamente conduzido junto com seus companheiros pelos menores sulcos na superfície da rocha até encontrar o padrão mais largo e discernível, que chamamos corrente, e segue adiante até encontrar o sulco de um rio, e ainda mais adiante até o mar. Isto é, a não ser que evapore. A não ser que seja sorvido por uma cobra, um besouro, um coelho ou um veado. A não ser que se infiltre pelos espaços entre as pedras e passe a fazer parte de uma nascente. Há tantas coisas que podem acontecer com uma gota de água... Só uma coisa é certa. Embora possa levar mil anos, sempre acabará chegando ao oceano.

No fim de sua vida, a Moisés não é permitido entrar na terra prometida. No dia de sua morte, ele é levado ao topo do monte Pisga, onde o Senhor lhe mostra a terra jurada a Abraão, Isaac e Jacó. "Viste-a com os teus olhos", diz Deus, "mas não entrarás nela".

Ostensivamente, trata-se de uma punição pelo fato de Moisés ter invocado o poder de Deus como dele mesmo. Antes, quando os israelitas estavam com sede, Deus fez com que Moisés batesse numa rocha com seu cajado, e dela uma corrente de água doce jorrou. Mais tarde, quando o povo estava com sede de novo, Moisés bate em outra pedra, dessa vez dizendo aos israelitas: "Ouvi agora, rebeldes, porventura tiraremos água desta rocha para vós?" (Números 20:10). Como antes, a água jorrou, e o povo e seus animais foram salvos. Mas em seguida Deus diz a Moisés que, por causa de seu pecado, ele não ia chegar a Canaã vivo.

A lógica é simples: Moisés pecou, portanto deve ser punido; e, porque Moisés não é um homem comum, mas o líder dos israelitas, deve ser punido de maneira espetacular e memorável, sendo negado a ele aquilo pelo qual tanto se esforçou. Mas, se a lógica é de fato muito simples e direta, é falha do ponto de vista espiritual, pois ignora a verdade mais fundamental em toda a Bíblia: que Deus ordena todas as coisas para o melhor, e nele portanto se pode confiar em todas as situações imagináveis, com tanta certeza quanto a água pode confiar no curso do rio em seu caminho para o mar – mesmo se precisar cruzar uma montanha ou um deserto, mesmo se precisar passar pela correnteza e pela cachoeira e ser espalhada num bilhão de partículas prateadas numa pedra.

Todas as coisas acontecem pela vontade de Deus, e a vontade de Deus é pelo melhor possível. Não há como ver segundas intenções nela, não há como subvertê-la ou direcioná-la erradamente. O poeta budista do século XX Asahara Saichi compreendeu isso desta maneira:

No domínio do Poder Outro
Não há Poder Individual
Não há Poder Outro
Tudo *é Poder Outro.*

Como para todos nós, para Moisés é difícil aceitar essa verdade. Diante da perda de seu maior sonho, ele implora repetidamente a Deus para que lhe seja permitida uma visita à terra prometida, mesmo que só por um dia. Por fim, é dito a ele para parar de pedir. No fim, ele morre "com a palavra do Senhor", e é enterrado por Deus, e o local de sua sepultura permanece desconhecido até hoje. É aqui que a Torá, os cinco primeiros livros da Bíblia, terminam.

Mas é também onde começa de novo. No ciclo anual de leituras da Torá mantido pelos judeus, ela é dividida em *parshyot* (ou porções) semanais, a última delas tratando da morte de Moisés, e a primeira da criação de Adão. Assim, a morte de Moisés é seguida pelo nascimento de Adão, e o ciclo inteiro começa de novo.

Se a Torá pode ser vista como avançando na busca de Deus, o último capítulo é onde o encontramos. Mas não há nenhuma passagem óbvia dizendo isso. Moisés tem a entrada na terra prometida negada, e imediatamente morre, e isso é tudo. Exceto por uma coincidência curiosa: o fato de que a Torá começa e termina com um beijo.

O primeiro beijo é fácil reconhecer. "E formou o senhor Deus o homem do pó da terra, e soprou em suas narinas o fôlego da vida" (Gênesis 2:7). É o beijo da vida, que transforma mero pó em "alma vivente". É a imagem sem imagem de Deus, além da presença ou ausência – eterna, incriada, no entanto a base de todas as coisas criadas.

O segundo beijo não é tão óbvio – ao menos não na tradução. "Assim morreu ali Moisés, servo do Senhor, na terra de Moab, conforme a palavra do Senhor" (Deuteronômio 34:5). No hebreu original, todavia, é dito literalmente que Moisés morreu "na *boca* do Senhor", dando origem à crença antiga de que Deus retoma o sopro de vida de volta para si na morte com um beijo. Chamamos isso de fim, mas só porque não conseguimos conceber o que significa confiar-se inteiramente a Deus, devolver a Deus o sopro que nos foi dado no começo tão facilmente como damos de volta a cada momento o sopro que tomamos de Deus no momento imediatamente anterior. Toda a vida está morrendo – e todo morrer é estar nascendo de novo.

É por isso que a morte de Moisés não é a tragédia que poderia ser, e a razão pela qual a morte, que muitos de nós secretamente consideram uma espécie de insulto final, não é a maldição que parece ser, mas a bênção comum a todas as vidas.

Todos nós morremos contemplando a terra prometida; Moisés não é a exceção, mas a regra. Outros irão acordar para cruzar o Jordão para a promessa de outro dia – um filho ou filha, um irmão ou amigo amado, enquanto nós precisamos ficar para trás. Nunca ficamos sabendo o fim da história. Não há necessidade de sabermos. O mestre zen do século XX Zenkei Shibayma escreveu um belo poema exatamente sobre essa percepção:

Uma flor floresce em silêncio, cai em silêncio,
E nunca retorna para seu ramo.
Num momento, em apenas um lugar,
Deixa ir toda a sua vida.
A voz de uma flor,
A realidade do ramo da flor.
Ali a felicidade da vida eterna
Está brilhando sem remorso.

Repetidamente a Bíblia nos ensina a sabedoria dos limites – que fomos feitos mortais por alguma razão. Como mais poderíamos apreciar o inestimável valor de apenas um dia? Sem a morte, como poderíamos saber o preço de um único sopro de vida? Sem a morte, como nos render, e portanto nos unir a Deus, seria possível? Com certeza isso é algo que não poderíamos realizar por conta própria. Nem em mil anos, ou em dez mil. É um erro procurar a imortalidade na extensão dos anos. É só no momento de encontrar nosso limite que encontramos Deus. Então, por fim, tocamos o infinito, e sabemos que somos "maravilhosamente feitos". Esse dom está além até mesmo do alcance dos anjos – e, no entanto, à menor das flores é concedido por inteiro. A terra prometida não é nada em comparação a isso. Tendo essa compreensão, que necessidade temos de partir?

Prática

11. A oração de Ana

Porquanto Ana no seu coração falava; só se moviam os seus lábios, porém não se ouvia a sua voz; pelo que Eli a teve por embriagada. E disse-lhe Eli: Até quando estarás tu embriagada? Aparta de ti o teu vinho. Porém Ana respondeu: Não, senhor meu, eu sou uma mulher atribulada de espírito; nem vinho nem bebida forte tenho bebido; porém tenho derramado a minha alma perante o Senhor.

1 Samuel 1:13-15

Uma vez ouvi a história de uma mulher que fez retiro num convento católico. Logo depois que chegou, ela se encontrou com a abadessa, que perguntou se já orara antes.

"Não", a mulher respondeu. "Apenas fiz meditação zen."

"Oh?", replicou a abadessa. "E quem disse a você que isso não é oração?"

Quando ouvi a história, pensei que soubesse a resposta para a pergunta da abadessa. Muito provavelmente deve ter sido algum tipo religioso bem-intencionado – algum padre cristão ou monge budista. As pessoas tendem a ser possessivas quanto às práticas espirituais associadas a sua religião, as regras para observá-las e a maneia precisa como devem ser feitas. Se não podem exatamente controlar Deus, ao menos podem controlar os meios de acesso a ele. Mas não; parecia que a mulher em questão tinha dito *a si mesma* que não podia ser a mesma coisa. Nós todos levamos essas coisas a sério demais, como se fosse importante saber a marca específica de escada que você usa para escapar de uma casa em chamas, ou com qual pé, esquerdo ou direito, você pisa no primeiro degrau. A coisa importante é sair da casa antes que ela pegue fogo.

De muitas maneiras, nossa vida neste mundo é uma casa em chamas. Ou melhor, é assim que parece para uma individualidade que está fadada a sofrer a aniquilação e a decadência. Dê um passo além dessa casa para o domínio do poder além do indivíduo que chamamos Deus – até mesmo *um* só passo –, e imediatamente experimentará um tipo muito diferente de mundo. Os budistas chamam esse mundo a terra pura, os cristãos, o reino de Deus. Mas realmente não importa em qual direção vamos – ocidente ou oriente –, desde que saiamos. A situação é urgente. Nossa vida está passando com cada pulsação e cada respiração, e nada é certo a não ser que vai passar. Em geral é necessária uma crise para deixar isso claro para nós. O resto do tempo ficamos contentes, ou coisa parecida, por ignorar o calor e a fumaça.

Mas, então, como damos esse passo único além da casa em chamas da individualidade?

No dia em que vai ao templo fazer sua petição a Deus, Ana está tão perturbada com seu fracasso em conceber um filho que parece embriagada com ele. Foi-se seu embaraço em relação aos outros, e até mesmo sua percepção do que irão pensar. Mesmo na presença de Eli, o sumo sacerdote, ela está totalmente sozinha com Deus.

Isso é o que quer dizer "falar com o coração". Se parece embriaguez, é por ser intoxicante a ponto de jogar fora o orgulho e a inibição. Se parece levemente escandaloso, isso apenas mostra o quanto é raro, mesmo para um sacerdote como Eli, ver alguém derramando sua alma perante Deus.

A oração de Ana é muito antiga. É a oração de uma mãe pelo dom de um filho, a oração do agricultor para que uma parte de sua colheita seja poupada, do pasto para que os chacais fiquem longe de seu rebanho. No entanto, oportunidades para esse tipo de oração nunca faltam nos dias de hoje. Elas vêm a nós em momentos extremos, quando a boa saúde que damos por garantida subitamente é perdida, quando perdemos um emprego, a mãe ou o cônjuge. Ou quando verdadeiramente necessitamos de alguma coisa – perdão, um novo começo, uma solução para a ruína financeira –, uma necessidade tão forte que chega a doer. Só então somos capazes de chamar Deus das profundezas de nosso ser. É só então que, quando esvaziamos nossas almas de tudo que é externo ou insincero, chamamos do fundo, e somos respondidos do alto.

É isso que Ana quer dizer quando afirma que "derramou sua alma perante o Senhor". Ela derramou todos os pensamentos e emoções, necessidades e medos, deixando-os ir, um após o outro, até nada mais haver para ser derramado. Isso pode parecer uma prática muito cristã ou judaica, mas na realidade é muito mais velha. Ninguém sabe quem a inventou, e as muitas formas de devoção religiosa – contemplação, meditação e outras práticas espirituais –, todas evoluíram disso.

Quando tentei orar de novo depois de um lapso de mais de trinta anos, fiquei embaraçado pelo fato de estar falando com Deus. Às vezes tenho a impressão de que os praticantes ocidentais de tradições orientais como a ioga ou a meditação preferem essas disciplinas porque, sendo silenciosas, são relativamente de bom gosto e contidas em um ponto de vista moderno. Ao menos em meu caso sei que é assim. A prática espiritual é sempre um risco, e há todas as chances de que, se bem-sucedida, provoque emoções poderosas ao longo do caminho que acabarão por nos levar ao ponto em que não poderá mais haver reserva polida, nada de se conter decorosamente, porque tudo está finalmente em jogo.

Cheguei a esse ponto em minha própria prática nove anos atrás, quando um livro meu não vendeu. Na verdade, havia mais em jogo do que isso. Era um livro que, para começo de conversa, não devia ter escrito, sobre um assunto que eu não compreendia e pelo qual não tinha empatia, mas que tanto meu agente como meu editor na época haviam me dito ser ouro puro. Era garantido que eu receberia um adiantamento de seis cifras, asseguraram, de modo que, ignorando o senso comum e uma promessa que fizera a mim mesmo alguns anos antes (de que jamais escreveria alguma coisa por dinheiro que não fosse real e verdadeira), forcei-me à tarefa, chegando ao limite em todos os meus cartões de crédito por nove meses seguidos para poder me dedicar ao livro em tempo integral.

Minha editora ficou embaraçada quando o conselho editorial rejeitou o livro, e meu agente se desculpou profusamente a cada nova rejeição, dizendo que a coisa toda era culpa dele. Mas não era. Eu sabia o tempo todo que eu não tinha nada que estar escrevendo um livro que não era verdadeiro.

Mas então pouco importava quem devia ser culpado. Estávamos atrasados três meses em nossa hipoteca, sem dinheiro sobrando de meus adiantamentos de livros anteriores e, além disso, muito endividados. Na noite após a rejeição final ter vindo, quando era hora de jogar a toalha, não consegui dormir com minha mulher e meus dois filhos pequenos. Estava muito envergonhado. Fui para o quarto de hóspedes e fiquei deitado sobre as cobertas a noite inteira, incapaz de mover qualquer parte de meu corpo. Quando penso nisso, a única imagem que descreve meu estado mental naquele momento é a de estar selado dentro de uma caixa com exatamente as mesmas dimensões de meu corpo, exceto por 1,5 cm de cada lado – espaço o bastante para saber que eu estava preso vivo, mas não o bastante para fazer alguma coisa quanto a isso.

Quando o sol nasceu, o encanto se quebrou, e enfim consegui me mover. Levantei da cama e fiz algo que teria parecido extremamente peculiar para mim um dia antes. Fui até a estante no *hall* e peguei a Bíblia que comprara por impulso algumas semanas antes, mas ainda nem tinha olhado. Segurando-a contra minha testa como um cataplasma, sussurrei: "Certo, você venceu. Não sei para onde ir ou o que fazer. Não sei nem mesmo como orar". Abri a Bíblia numa página ao acaso e li as primeiras palavras que vi: "E eu respondi: Ah! Senhor, eu nem sei falar, pois que sou apenas uma criança. Replicou porém o Senhor: Não digas: Sou apenas uma criança: porquanto irás procurar todos aqueles aos quais te enviar, e a eles dirás o que eu te ordenar" (Jeremias 1:6-7).

Depois disso eu consegui orar. Tendo confessado meus limites e minha dificuldade com a própria oração, foi como se a tampa com que eu estivera lutando por anos estivesse finalmente fora do frasco. "Levanta-te à noite", diz Jeremias, "grita ao início de cada vigília; que se derrame teu coração ante a face do Senhor" (Lamentações 2:19). Foi isso o que eu fiz. E Jeremias estava certo: tudo derramou de mim, como água de um copo.

Os ocidentais que praticam disciplinas espirituais orientais, como a meditação zen, com frequência as acham fáceis de aprender mas difíceis de dominar. São ensinados a sentar calmamente em posição ereta mas relaxada, concentrando sua consciência em cada respiração que entra e sai do corpo, deixando os pensamentos passarem livremente para dentro e para fora do palco da mente. Na maioria dos casos, todavia, não são ensinados a se confiar a esse processo – como o mestre zen japonês do século XII coloca, "lançar o corpo e a mente na casa de Buda, para que tudo seja feito pelo Buda". Esse tipo de rendição de corpo inteiro não pode ser atingido por um esforço de concentração. Requer a crença no Buda, do mesmo modo que a oração requer a crença em Deus.

Assim, a oração é também a *prática* de crer em Deus, e não só o fruto dessa prática. Para começar, não precisamos ter nenhuma crença. Há um belo verso sobre isso do poeta persa Rumi: "Se você não pode orar sinceramente, ofereça sua seca, hipócrita e agnóstica oração, pois Deus em sua misericórdia aceita moeda falsa". O importante é abrir a tampa fechada do coração. Com a água fluindo – e é *apenas* água, não importando o que possamos sentir, moeda falsa ou verdadeira –, a tampa acabará se soltando, e o fluxo se tornará tão natural quanto a respiração.

Quando comecei essa prática, segui o conselho de Reb Nachaman de Breslov, o rabino hassídico do século XVIII que ensinou seus discípulos a falar com Deus em sua própria língua, sem intermediários, "como se com um bom amigo de verdade". Essa era a forma de meditação que ele defendia, mais antiga do que a própria Bíblia. Reb Nachamann falava de solicitar a ajuda da relva no campo para isso e perambulava pelo campo orando, inspirado pela maravilha da criação. Uma vez, quando estava caminhando com seu discípulo Reb Noson, ele moveu a mão num gesto que abrangeu todas as colinas e campos a sua volta e observou: "Não há nenhum lugar aqui em que eu não tenha orado". Claro, isso pode ser tomado como uma espécie de autoglorificação espiritual, a alegação de uma vida de oração contínua. Mas realmente acho que era um ensinamento disfarçado. Reb Nachman queria dizer que não deveria haver nenhum aspecto de nossas vidas que não fosse informado por nossa conversação com Deus – não deveria haver nenhum lugar em nossas vidas em que não tivéssemos orado.

Em sua forma mais básica, orar é tão simples quanto pensar, só que, em vez de mantermos nossos pensamentos privados, nós os abrimos para Deus. O santo budista Honen uma vez o explicou desta maneira: a lua brilha em todo lugar na terra, e não há lugar em que sua luz não seja refletida: em lagos e rios, córregos e poças, mesmo na menor das xícaras de chá. Mas só se a tampa tiver sido removida. Esse é o eixo da história mais antiga da Bíblia. Quando Adão e Eva comeram da árvore do conhecimento do bem e do mal, seu primeiro ato foi cobrir sua nudez e se esconder de Deus:

> *E eis que ouviram o barulho dos passos do Senhor Deus que passeava no jardim, à hora da brisa da tarde. O homem e sua mulher esconderam-se da face do Senhor Deus, no meio das árvores do jardim. Mas o Senhor Deus chamou o homem, e disse-lhe: "Onde estás?". E ele respondeu: "Ouvi o barulho dos vossos passos no jardim; tive medo, porque estou nu; e ocultei-me". O Senhor Deus disse: "Quem te revelou que estavas nu?".*
>
> (Gênesis 3:8-11)

"Quem te revelou que estavas nu?", Deus pergunta. Mas ele já sabe a resposta. Foi o começo do pensamento reservado, o começo do bem e do mal, o começo da individualidade.

Em seu estado natural, todos os seres estão nus perante Deus. "Olhais os lírios do campo, como eles crescem", diz Jesus, "não trabalham nem fiam. E eu vos digo que nem mesmo Salomão, em toda a sua glória, se vestiu como qualquer deles" (Mateus 6:28-29). O que podemos acrescentar à imagem de Deus? Qualquer roupa, qualquer cobertura apenas a esconderá. Criamos a individualidade para proteger o indivíduo, acrescentando camada sobre camada de importância de si na crença iludida de que, ao fazê-lo, podemos de alguma forma efetuar nossa própria salvação. Mas não funciona. Já estamos salvos. Só que não sabemos disso, porque não sabemos quem realmente somos. Esse é o propósito da prática – recobrar o conhecimento de uma flor, o conhecimento das relvas do campo. Mas para fazer isso temos de parar de nos esconder de Deus.

Há tantas maneiras de fazer isso quanto há coisas atrás das quais se esconder, e assim cada cultura religiosa oferece práticas próprias para nos ajudar a sair detrás da folha da figueira, mas todas elas, no fim das contas, resumem-se ao ao seguinte: tirar a tampa da individualidade e nos derramar como água perante a face do Senhor. "Quem disse a você que meditação zen não era oração?", a abadessa perguntou. Ela poderia igualmente ter dito: "Quem disse a você que estava nua? Quem disse a você que havia algum momento em que você não estava em conversação com Deus?".

11. Cinco pedras lisas

E tomou o seu cajado na mão, e escolheu para si cinco seixos do ribeiro, e pô-los no alforje de pastor, que trazia, a saber, no surrão, e lançou mão da sua funda; e foi aproximando-se do filisteu.

1 Samuel 17:40

Qual a aparência de quem crê em Deus? Pergunte a vinte pessoas, e é provável que você receba vinte respostas diferentes – de todo tipo, de ir à igreja aos domingos e votar nos republicanos (ou democratas) a servir sopa para os pobres. Ou, se você der com alguém um pouco mais ambicioso, a resposta poderá ser seguir todas as leis da Torá, voltar-se para Meca cinco vezes por dia ou passar uma hora ou mais todas as manhãs em oração contemplativa. Mas isso tudo realmente nos diz se uma pessoa crê em Deus?

Muitos alimentam os pobres, seguem leis e costumes religiosos, ou mesmo passam tempo orando apenas para se sentir bem consigo mesmos. Talvez tenham sido criados com a noção de que isso é o que uma pessoa boa faz. Ou talvez acreditem que está em seu poder influenciar na própria salvação – que, por se comportarem de acordo com o prescrito por uma religião, estarão assegurando para si o favor de Deus. Mas isso não é o mesmo que a crença. Essas pessoas não creem no poder de Deus, mas em seu poder sobre Deus.

É uma das descobertas mais difíceis – mas também uma das mais essenciais – da vida espiritual que a maioria de nossos esforços para praticar uma religião não passam de poder individual disfarçado. É difícil dar-se conta, por exemplo, de que nossa conversação diária com o Divino, qualquer que seja sua forma, pode ser uma maneira de tentar se salvar que finalmente pouco ou nada tem que ver com Deus.

Então, qual é *de fato* a aparência de quem crê em Deus? E como aparece a *prática* dessa crença? É algo que afinal somos capazes de reconhecer em nós mesmos ou nos outros? Acho que a resposta é sim, mas não porque pareça de alguma forma "especial" ou "diferente" do resto da vida. A crença se distingue precisamente por sua simplicidade, pelo fato de ser similar a uma vida comum num dia qualquer. É reconhecível por sua incapacidade de se distinguir como especial.

Considere uma das histórias mais memoráveis da Bíblia: o combate entre o menino pastor Davi e o filisteu Golias, cuja lança era tão pesada que não podia nem mesmo ser erguida por qualquer outro homem. Em sua superfície a história é tudo menos comum: lutar com um gigante em combate corpo a corpo não estando na agenda de seu dia normal. Mas a reação de Davi à situação, firmemente enraizada em sua crença em Deus, faz com que seja. Quando o Rei Saul contesta que um menino não treinado na arte do combate não tem possivelmente como vencer um guerreiro experiente como Golias, Davi explica que no passado Deus o ajudou a prevalecer contra um leão e um urso que vieram atacar seu rebanho.

Saul tenta convencer Davi a aceitar sua armadura para se proteger, mas, depois de prová-la, Davi decide que é melhor deixá-la par trás. Então Saul lhe oferece sua espada. Mas Davi a rejeita também. Não está acostumado com ela. E é muito pesada. No fim, ele vai para o combate sem nada além de seu cajado e sua funda de pastor. Mas primeiro ele para no riacho para escolher cinco seixos lisos.

Quando Davi derrota Golias alguns versículos depois, usa apenas a primeira dessas pedras. Então, por que as outras cinco? Sua fé em Deus será menos absoluta do que ele nos fez crer? Se não, por que ir para o combate com mais do que a única pedra de que ele precisa?

Entre as obras de diferentes rabinos e teólogos, encontramos uma variedade de respostas. Alguns atribuem um significado simbólico especial ao número cinco. Outros observam que teria sido soberba da parte dele levar apenas uma pedra. Outros ainda dizem que é um número inteiramente aleatório. Mas e se cinco fosse simplesmente o número de pedras que Davi usualmente carregava em sua bolsa? E se Davi estivesse indo enfrentar o gigante exatamente do mesmo modo que ia todas as manhãs para as colinas pastorear seus carneiros?

A crença em Deus não requer fanfarra nenhuma, nem proteção especial. A própria crença – em Deus e na vida que nos foi dada – é finalmente a única proteção de que precisamos.

Depois da morte de sua mãe, minha mulher encontrou algumas maneiras de lidar com seu luto. Uma delas foi fazer longas corridas diárias pelas montanhas, outra foi ler a Bíblia de capa a capa, e outra ainda foi fazer sessões regulares com uma mulher da região que era altamente recomendada como massoterapeuta. Só que esqueceram de mencionar que ela também era uma recém-convertida e muito entusiasmada integrante de uma igreja pentecostal fundada alguns anos antes por um ex-cantor de *rock*.

No estado frágil pela dor da perda da mãe, Perdita provavelmente estava pronta para alguma espécie de conversão, ou no mínimo consolação, de modo que não acho justo dizer que as solicitações espirituais da massoterapeuta foram inteiramente gratuitas. Além disso, a cultura religiosa de nossa família incluía estarmos sempre abertos para aprender outras vias espirituais. Na época recebíamos testemunhas de Jeová todas as quintas-feiras pela manhã para aprender seu método de estudo da Bíblia. E um dia, na semana anterior, ao voltar para casa após escrever num café, encontrei um mestre da terra pura chinês que nunca vira antes tomando chá sentado no chão com meus filhos e ensinando a eles os rudimentos do *qi-gong*. Mas quando Amy (o nome não é verdadeiro) começou a aconselhar Perdita a vestir a completa armadura de Deus todas as manhãs ao acordar para poder "tomar sua posição contra o diabo", Perdita começou a se sentir incomodada. Citando Efésios 6, Amy ainda falava no "cinto da verdade", na "couraça da pureza", no "escudo da fé", no "capacete da salvação" e na "espada do espírito". Ao todo, uma grande armadura – e ao menos uma arma, mesmo que, como a espada de Saul, pudesse no fim ser muito pesada para erguer.

"Não era a armadura de Deus tudo o que Adão e Eva usavam no jardim?", Perdita depois me perguntou. "Efésios à parte, me parece que toda essa armadura é o problema, não a solução."

A crença é a única mercadoria comum num mundo inteiramente entregue a seu oposto, que é a batalha entre a fé e a dúvida. Essa batalha nos leva a extremos em todas as camadas da sociedade. O santo budista Shinran uma vez disse: "Se as condições forem certas, nós, seres humanos, faremos qualquer coisa!". O que ele quis dizer é que iremos a qualquer extremo para nos proteger – e não só a nossas vidas, mas nossas crenças, opiniões e mesmo nossas ideias. Aprisionaremos pessoas inocentes por sua raça ou religião, defenderemos os direitos de crianças não nascidas enquanto matarmos de fome ou bombardearmos os filhos de nosso inimigo, e aumentaremos os gastos das forças armadas em detrimento de programas que beneficiam os enfermos, os velhos ou os pobres. É por isso que a crença verdadeira é fácil de reconhecer. Toma o caminho do meio. Não se deixa enganar pela luta entre a fé e a dúvida, mesmo ela grassando à nossa volta o tempo todo, mas em vez disso busca a única alternativa real – confiarmo-nos a Deus, por mais confusos e inconstantes que sejamos. Essa é a gênese da verdadeira crença e a razão por que parece tão simples. Não se protege, nem se projeta nos outros, fazendo deles anjos ou demônios. Aceita-nos como somos, cajado e funda, e opera suas maravilhas com isso.

No fim, não é uma questão de quanta fé, se muita ou pouca, Davi tem em que Deus irá ajudá-lo a derrotar o gigante. Ele ainda não sabe de quantas pedras precisará. Ainda não sabe quanto, ou por quanto tempo, Deus espera que ele lute. Como Davi, somos criaturas com livre-arbítrio, com capacidade de pensamento e ação independente, e isso deve ser considerado em qualquer esforço que empreendermos neste mundo – inclusive os espirituais. Saichi diz: "Tudo é poder outro", mas isso não muda o fato de que vivenciamos as coisas primariamente em termos de individualidade.

Então a questão se torna a seguinte: dado que a individualidade é o que temos para agir, que tipo de prática espiritual contribui para a crença em Deus? Não há respostas fáceis para essa questão, mas há uma *simples* – simples no sentido de nos tornarmos inocentes e mesmo infantis perante Deus. Simples porque não requer mudança externa, nenhuma armadura pesada, nenhum cultivo de quaisquer impulsos ou normas religiosas novas. Não temos de encomendar almofadas de meditação, jogar fora a comida de nossa geladeira ou mudar a maneira como falamos ou nos vestimos. Apenas partimos com as roupas do corpo, com os recursos que já temos. Assim que a conversa com Deus está em curso, ficamos sabendo tudo o que precisamos saber, *como* precisamos saber. E *se* precisamos saber.

Isso que é tão bonito quanto o momento da história em que Davi se inclina no riacho para catar cinco pedras. Deus está com ele, mesmo assim ele pega o número habitual de pedras. Quanto tempo terá de lutar? Ele não sabe. Quanto do resultado será determinado pela sua perícia com a funda e quanto por Deus? Não há como separar as duas coisas. Não há poder individual. Não há poder outro. *Tudo* é poder outro. Mesmo quando a história termina e o gigante jaz morto a seus pés, não há uma linha clara entre Davi e aquele que ele chama "o Deus Vivo".

12. Davi dança em frente à arca

Davi dançava com todas as suas forças diante do Senhor, cingido com um éfode de linho. O rei e todos os israelitas conduziram a arca do Senhor, soltando gritos de alegria e tocando trombetas.

2 Samuel 6:14-15

Quando olhamos para nossa própria vida e a das pessoas a nossa volta, não precisamos ir muito longe para encontrar provas do velho provérbio "às vezes coisas ruins acontecem com pessoas boas". Uma criança de sete anos de idade sem a menor preocupação no mundo subitamente tem uma dor da cabeça e morre de aneurisma antes de chegar ao hospital. Um homem que passou a vida inteira ajudando os pobres é brutalmente espancado num gueto e deixado entre a vida e a morte. Nesses momentos, tendemos a reverter à crença de que essas coisas acontecem por alguma razão que, se tivéssemos todos os fatos, poderia ser explicada – pois, como todos sabemos, um infortúnio que pode ser explicado em geral poderia ter sido evitado. Não tinha a criança em questão dito que estava sentindo tonturas um mês antes? Não tinha o homem que foi espancado entrado num bairro onde as pessoas ignoravam seu trabalho? Mas, claro, tais explicações parecem rasas, baseadas como são na crítica implícita "tivéssemos sido mais sábios e mais atentos...". O problema é que, mesmo quando somos bons e jogamos segundo todas as regras, ainda assim não somos oniscientes. Não somos sábios. Nem mesmo somos atentos. E isso serve para todo mundo, até mesmo para Davi.

A arca da aliança, contendo as tábuas recebidas por Moisés no monte Sinai, era o mais sagrado dos objetos sagrados para os judeus. Por muitos séculos, seguiu-os em todos os lugares. Quando eles paravam para descansar, era reverenciada num templo portátil chamado tabernáculo; quando viajavam, era carregada em traves folheadas a ouro feitas de madeira de acácia. Até mesmo às batalhas era levada, como um talismã protetor e como símbolo de sua virtuosidade, uma espécie de bandeira sacra. Foi assim que, em certa ocasião, foi capturada pelos filisteus. Os filisteus, todavia, não ficaram contentes com a arca, que fazia com que seus ídolos caíssem e produzia tumores em seus corpos, de modo que a devolveram a Israel, onde foi guardada na casa de Abinadab em Kirjath-jearim.

Resolvendo levar a arca de volta para seu lugar em Jerusalém, Davi, então rei de Israel, foi até Kirjath-jearim e mandou homens a colocarem num carro de boi. Logo, no entanto, os bois empacaram, e, vendo que a arca estava para cair no chão, um homem chamado Uzá estendeu a mão para segurá-la, morrendo no ato pela mão do senhor. Inicialmente Davi ficou com raiva, depois com medo. "Como virá a mim a Arca do Senhor?", perguntou (2 Samuel 6:9), e, como não apareceu nenhuma resposta, deixou a arca na casa de um homem chamado Obededom por três meses, voltando para Jerusalém a fim de refletir melhor.

Numa versão posterior da história, Davi descobre uma razão para a morte chocante de Uzá. "Ninguém pode levar a arca de Deus, senão os levitas; porque o Senhor os escolheu, para levar a arca de Deus, e para o servir eternamente" (1 Crônicas 15:2), explica aos israelitas. De fato, ao consultar o livro da lei, ele descobre que o Senhor instruíra Moisés quanto ao manuseio adequado da arca. Tinha de ser movida nos ombros da tribo sacerdotal de Israel. Tendo descoberto a prática ritual correta, incluindo precedente nas escrituras, Davi retorna ao lar de Obededom, e tudo ocorre conforme planejado.

Mas essa não pode ser a mensagem da história – o mero cumprimento de um ritual apropriado. Se fosse disso que a prática espiritual tratasse, então ela se tornaria nada mais do que um exercício de poder individual, pois todos esses rituais, qualquer que seja seu valor simbólico ou prático, são meras maneiras de tentar influenciar Deus, uma espécie de linguagem corporal espiritual cujo uso não podemos evitar, mesmo quando secretamente suspeitamos que não funciona. Mas, se não o ritual, qual é a mensagem? Mesmo que pareça chocante, o eixo da história dá a entender que, mesmo com a melhor das intenções, às vezes é inevitável ser fulminado por Deus. A questão então se torna: como convivemos com isso?

Se alguém vê um precioso objeto sagrado na iminência de cair no chão, possivelmente para ser danificado ou destruído, quem não iria, sem nem pensar, usar a mão para evitar que caísse? Não estaria mais errada a pessoa cujo instinto fosse deixá-lo cair? Essas devem ter sido algumas das coisas que passaram pela mente de Davi quando Uzá morreu. Podemos recriminá-lo por ficar com raiva de Deus? Mas, então, como viverá num mundo onde todas as coisas estão nas mãos de Deus? Vista sob esse prisma, a pergunta de Davi "como virá a mim a Arca do Senhor?" não é apenas uma questão quanto ao procedimento correto. É bem mais do que isso. A verdadeira pergunta é: "Como pode o Senhor vir ao coração de alguém que está com tanta raiva e tanto medo?".

Essa é a pergunta que cada um de nós, em algum momento da vida, nos veremos forçados a fazer. Diante do inevitável (a velhice), o inexplicável (a doença) ou o insondável (a própria morte), não seremos forçados a apelar ao próprio Deus, que, ao nos moldar com o pó do chão, nos "fez dessa maneira"? Essa é a questão que Davi tem de enfrentar quando Uzá estende a mão para segurar a arca. São necessários três meses para responder, e, quando ele responde, a resposta o transforma. Ele é uma pessoa diferente do que era antes, e, para expressar essa transformação, faz algo sem precedentes.

Tirando todas as roupas, menos seu éfode, ele dança seminu, com júbilo e abandono perante toda Israel, quando a arca é trazida para a cidade. É a única maneira de a arca poder voltar a Jerusalém, Davi percebe, e a única maneira de *ele* poder voltar para *Deus*.

Mas tudo isso aconteceu há muito tempo, e ainda por cima na Bíblia, o que para algumas pessoas significa que provavelmente não aconteceu na realidade, ou, se aconteceu, não mais acontecerá. Mas é claro que isso não é verdade. Temos apenas de olhar em volta para ver Uzás morrendo e Davis dançando – em todos os lugares.

O que fazemos quando eventos terríveis interrompem nossa conversa com Deus? Ao longo dos anos me perguntaram, mais vezes do que posso lembrar, como um Deus cheio de amor pôde permitir o holocausto, os campos da morte ou mesmo a morte de uma só criança. Como falamos com um Deus assim? E *queremos* falar com um Deus assim?

Pouco depois de nosso filho Jonah deixar de dormir no berço ao lado de nossa cama, decidimos fazer uma venda de garagem. O berço, que vinha passando de amigo a amigo, era uma verdadeira monstruosidade – sólido e com uma aparência razoável, mas grande e pesado demais para nosso quarto. Além disso, suas ripas estavam soltando. Em todo o caso, tínhamos descoberto que estávamos muito mais satisfeitos (e dormíamos melhor) na mesma cama. Então pusemos um anúncio no jornal:

Família jovem se livrando de TONELADAS de coisas anteriormente úteis de que não precisa mais, mas a sua família em expansão pode querer ou necessitar – TUDO A PREÇO DE BANANA!!!

E foi assim que conhecemos Bar Scott.

Uma bela mulher de trinta e poucos anos num vestido de verão folgado, grávida de uns oito meses, ela parecia familiar como as cantoras ou atrizes profissionais em geral parecem, mesmo que nunca as tivéssemos visto. Ela veio ver o berço e, depois de examiná-lo meticulosamente, chegamos a um preço e ela combinou de vir buscá-lo depois com seu marido, Peter, que era jeitoso com ferramentas e poderia "consertar essas ripas num piscar de olhos".

A transferência da mercadoria foi um tonto *show* cômico, eu no terraço do andar superior tentando baixar o berço numa corda como um anjo gordo numa peça de Natal, enquanto vários diretores e assistentes de palco davam decididas, embora conflitantes, instruções. De alguma forma, juntos conseguimos descer o berço, que agora pertencia a eles.

Não muito tempo depois, encontrei Bar e seu filho, Forrest, na cidade e não pude deixar de pensar que ela era uma das mais dedicadas e sinceras mães que já encontrara. Lembro de uma longa conversa que tivemos sobre a cama da família, sobre pesquisadores terem descoberto que nas culturas em que os bebês dormiam com os pais a incidência da síndrome da morte súbita era bem mais baixa (aparentemente, aquele trambolho de berço tornara ela e Peter crentes nisso também). Bar estava começando um grupo para aumentar a consciência sobre o assunto e queria reunir mulheres para compartilhar suas experiências.

Não ouvi falar mais do grupo de mães, se ela o tinha começado ou não. Suspeito que, como muitas mães de primeira viagem, ela descobriu que não havia horas suficientes no dia. Em todo o caso, via ela e Forrest em algum lugar da cidade quase toda semana, acenava e cumprimentava. E de alguma forma esse parece ser o jeito que algo sempre acontece: um dia você está acenando na porta da pré-escola; no dia seguinte, um de seus filhos tem câncer e a vida vira de ponta-cabeça.

O câncer de Forrest foi uma experiência de mudança de vida, não somente para Bar e Peter, mas para boa parte da cidade. Era difícil imaginar como uma criança tão pequena, doce e inocente podia ter um câncer tão agressivo. Difícil conceber a coragem e a resiliência de seus pais. Difícil compreender quando, depois de várias ocorrências milagrosas que pareciam curas ou ao menos remissões, ele subitamente piorou e morreu no dia seguinte. Acho que é razoável dizer que a conversa com Deus foi muito franca em Woodstock naquele ano e até exaltada no final.

Toda a cidade foi ao enterro, convergindo para a longa caminhada sobre a colina através do cemitério da cidade num dia frio e luminoso. Peter, jeitoso com ferramentas, ficara acordado a noite inteira fazendo um caixão simples mas belo para seu filho. E Bar, cujo treinamento como artista lhe fora útil em manter a face corajosa em alguns dos momentos mais sombrios dos meses anteriores, estava exaurida numa firme e transparente claridade que nada escondia, e jorrava dela como água do poço mais velho e profundo do mundo enquanto ela cantava "Amazing grace, how sweet the sound". Sua voz estava mais bela do que nunca. Não havia nada doce nela, não soava nada doce. Mas, como a flor Shibayam e a dança de Davi, era intensamente real, jubilante e verdadeira.

13. Um punhado de farinha

Pela vida de Deus, respondeu a mulher, não tenho pão cozido: só tenho um punhado de farinha na panela e um pouco de óleo na ânfora; estava justamente apanhando dois pedaços de lenha para preparar esse resto para mim e meu filho, a fim de o comermos, e depois morrermos.

1 Reis 17:12

A crença é contraintuitiva. Do ponto de vista normal, não faz sentido. Quem pediria comida a uma viúva faminta? Ou, ainda, que mãe daria pão a um completo desconhecido quando mal conseguia alimentar seu filho? Mas o profeta Elias foi informado por Deus de que certa viúva em Sarepta iria alimentá-lo, e de fato foi o que ela fez – mesmo não tendo quase nada para dar.

Se a primeira parte da Bíblia tem que ver com dar o conhecimento do bem e do mal de volta para Deus, a segunda parte tem que ver com desistir do cálculo – as incontáveis maneiras que temos de fazer nossas apostas com Deus ou o universo de modo a sair ganhando na maior parte das vezes. Trata-se de desistir do hábito de ajustar nossos pensamentos e ações de modo a maximizar, ou simplesmente proteger, nossa individualidade.

Elias, o tesbita, é convocado por Deus para dar ao Rei Acabe a mensagem de que uma grande seca está a caminho. Então ele é enviado para a natureza, a fim de viver junto a um riacho, onde seria alimentado pelos corvos. Por fim a corrente seca, e Deus lhe envia então a viúva.

A Bíblia é quase cômica às vezes na maneira como retrata Deus. Elias deve ter suposto que, se estava sendo enviado para conseguir comida com uma viúva em Sarepta, ela *teria* alguma comida. Descobrir ao chegar que ela está preparando sua última refeição, e das mais frugais, deve realmente ter sido uma surpresa para ele. Mas, se é o caso, ele se recupera imediatamente. Não tenha medo, Elias diz a ela. Faça apenas como planejara. Faça primeiro um pequeno bolo e o traga para mim; então faça o resto para você e seu filho, e tudo dará certo. E de fato: "A farinha não se acabou na panela nem se esgotou o óleo da ânfora, como o Senhor o tinha dito pela boca de Elias" (1 Reis 17:16).

A crença é o mistério central da vida espiritual. Com ela, todas as coisas são possíveis. Sem ela, nada é. Esse é o significado das palavras de Jesus: "Porque ao que tem, ser-lhe-á dado; e, ao que não tem, até o que tem lhe será tirado" (Marcos 4:25). Não é esse o verdadeiro significado do punhado de farinha e do restinho de óleo que a viúva tem em sua dispensa? Não é isso o que Elias reconhece ao vê-la? Uma pessoa comum iria ver a pobreza; uma pessoa egoísta, que não tinha muito para lhe dar. Mas Elias, "o homem de Deus", vê a centelha da crença. Ele sopra a centelha, e subitamente há o bastante para todos. É *sempre* mais do que o bastante.

Na Bíblia, com frequência encontramos histórias e parábolas que têm como lição central a moral "olhe primeiro para o reino de Deus e todas as suas necessidades materiais serão atendidas". Mas raramente nos é dito *como* olhar Deus. Para tanto, precisamos olhar cuidadosamente não o que as pessoas santas dizem, mas o que elas fazem.

Uma vez, quando Jesus estava pregando no campo para uma multidão de cerca de cinco mil homens, mulheres e crianças, ficou tão tarde que eles não mais poderiam ir até em casa a fim de obter provisões. Os discípulos ficaram preocupados porque não haveria nada para a multidão comer, e então eles levaram o problema para Jesus. "Está aqui um menino que tem cinco pães de cevada e dois peixinhos", André explicou, "mas o que é isto para tantos?" (João 6:9)

Todo mundo sabe o resto da história. Jesus pegou os pães e os peixes e deu graças a Deus, então disse aos discípulos para distribuí-los à multidão – e todos os cinco mil foram alimentados. No fim, apenas para ter certeza de que os discípulos haviam entendido a lição do milagre, disse a eles que reunissem o que sobrara da refeição, e eles conseguiram encher doze cestos – o número de discípulos que duvidaram que a multidão podia ser alimentada.

Então, o que a pessoa santa *faz* nesta história? Na realidade, há duas pessoas santas nessa história, para começar – Jesus e o menino que oferece seus pães e peixes para os discípulos –, e então mais, com o desenrolar da história. Um sermão que ouvi explicou o mistério do milagre oferecendo no lugar um milagre ainda maior. Essa versão da história é mais ou menos a seguinte: Quando os discípulos começaram a perguntar se alguém havia trazido comida, cada pessoa cuidou de proteger cuidadosamente seu próprio pão ou peixe para sua família. "Não há o bastante para dividir", deve ter sido o pensamento na cabeça de cada um. Mas então o discípulo André se deparou com o jovem que, sem nenhum pensamento calculista, simplesmente ofereceu tudo o que possuía. Jesus disse que era suficiente, do mesmo modo que a crença de uma pessoa é com frequência suficiente para inspirar muitos, e, quando os cestos começaram a ser passados, as pessoas começaram a mostrar a comida que tinham, passando a compartilhá-la com seus vizinhos. Não é de estranhar que tenham sobrado doze cestos. A versão do milagre em que Jesus simplesmente multiplica os pães e os peixes é um tanto insípida em comparação com essa, pois aqui o que é multiplicado por cinco mil é a crença de um só menino.

Na história de Elias e a viúva de Sarepta, de novo há duas pessoas santas. Deus enviou uma para ter com a outra. Quanto a quem está sendo alimentado, na realidade não fica claro. É verdade, a viúva oferece comida a Elias, mas, pelo milagre que realiza, ela é alimentada muitas vezes mais. Então não fica claro se Deus enviou Elias para ser alimentado pela viúva ou para alimentá-la. Como sempre, há mais dimensões em jogo do que podemos confortavelmente admitir, e o cérebro humano está limitado a considerar uma coisa de cada vez.

Há sempre o suficiente no universo. Esse parece ser o eixo da história. O universo é baseado na falta apenas se o olhamos de um ponto de vista egoísta. O que mais quer que resulte em termos espirituais, do ponto de vista puramente prático a crença em Deus ajuda a quebrar esse monopólio. Ajuda a liberar as restrições unidimensionais que colocamos em nós mesmos e no mundo.

Pouco depois que me mudei de Manhattan para Woodstock, encontrando outro café para nele escrever, estava em minha mesa habitual, perto da entrada, quando um homem de aproximadamente cinquenta anos, parecendo sem teto, veio até o vidro e mostrou um exemplar de um de meus livros, pertencente à biblioteca pública. Apontando para minha foto na orelha e depois para mim, ergueu as sobrancelhas interrogativamente, e eu assenti. Fiz um gesto para ele entrar, e, após um momento de hesitação, em que ele deu um relance furtivo para o escritório do gerente, o homem criou coragem e passou pela porta de vidro para sentar à minha frente. (Fiquei com a impressão de que normalmente sua entrada não era permitida ali.)

Ele havia lido o livro, que tinha acabado de ser publicado, e queria me contar que estudara o budismo com um lama tibetano que eu descrevera como tendo uma compreensão particularmente aguda sobre crianças pequenas. Ocorreu-me, à medida que ia conhecendo Mark, que esse lama teria tido uma compreensão aguda também dele, porque, não obstante o fato de ter sido um advogado em Nova York, era um inocente – um desses raros indivíduos que parecem levar a vida como os lírios do campo de Jesus. Ele morava desde a metade da década de 60 atrás do parque da cidade, numa pequena casa sem aquecimento que estava sempre ameaçando cair no rio do velho moinho; na época em que cheguei a Woodstock, trinta anos depois, tornara-se um personagem da cidade. Mark Silencioso, as pessoas o chamavam, pelo hábito de fazer "jejuns de falar" por períodos indeterminados, embora nunca ficasse silencioso comigo. Bem ao contrário. Eu geralmente não conseguia fazer com que parasse de falar, e precisava interromper nossas conversas no meio para conseguir terminar minhas compras ou ir buscar as crianças, ou fazer o que quer que fosse.

Perdita também conversava bastante com ele. Ele no viu juntos um dia e aparentemente gostou dela no ato, porque depois disso sempre a encontrava quando ela estava na cidade, mesmo nas corridas diárias. Ele a acompanhava, correndo de bota, suéter e calça comprida, atualizando-a sobre as notícias locais – planos para uma nova cooperativa de alimentos, um desenvolvimento proposto que teria impacto negativo nos pântanos.

Éramos todos pobres na época, embora, claro, não tanto quanto Mark. Ninguém era, pelo menos que eu saiba. Mas ele nunca pediu dinheiro e não aceitava quando oferecíamos. Provavelmente sabia que éramos escritores tentando ganhar dinheiro para pagar a hipoteca, e que às vezes nem isso conseguíamos. Talvez soubesse bem mais do que julgávamos na época, talvez não. Talvez apenas intuísse algo sobre o funcionamento do universo que na época estávamos apenas começando a perceber.

Uma vez, quando estávamos contando moedas para conseguir chegar ao fim da semana, Perdita foi ao mercado com uma lista cuidadosamente preparada, na qual "pulou" vários itens, porque simplesmente não tínhamos dinheiro suficiente. Um desses itens era detergente para máquina de lavar louça. Era detergente ou leite, de modo que realmente não havia opção. Quando ela voltava para o carro com as compras, Mark apareceu com uma caixa tamanho família de detergente e disse: "Tome. Vocês precisam disso? Alguém me deu, mas não tenho máquina de lavar louça". Coincidência? Ou algum tipo de manifestação no supermercado da compaixão universal? Era impossível dizer. Acontecia com tanta frequência, no entanto, que nos limitávamos a rir e dizer: "Bem, lá vamos nós de novo". Eu procurava certo texto religioso que uma vez vira num sebo, anos antes, de que precisava com urgência, mas não conseguia encontrá-lo em lugar nenhum, e Mark apareceu num dia de verão, entregando-o para mim pela janela aberta do carro no meio da cidade. Havia comprado o livro por vinte e cinco centavos na feira do livro da biblioteca de Woodstock, e achou que poderia me interessar.

O que realmente nos deu certeza no fim devem ter sido os tênis. Antes disso, as coisas que ele nos dera, embora insólitas, não nos inspiraram a crer, na realidade. Parecia um tipo esquisito de telepatia, talvez um jeito de estar no sulco do universo – algo que podia tão facilmente ser o efeito colateral psíquico de muitas drogas na década de 60 como uma manifestação do divino. Então, um dia Perdita corria pela praça da cidade, e Mark saiu correndo até ela do banco em que estava sentado, segurando um par de tênis de corrida. "Tome! Você precisa disso, não?". Ele os achara no *Family of Woodstock*, uma organização de caridade local que arrecadava roupas para os pobres. Perdita ficou um pouco chateada por ter de carregá-los pelos três quilômetros e meio que ainda restavam de sua corrida, e além disso era pequena a chance de que fossem servir. Ela tem pés largos (cortesia de seus ancestrais, camponeses irlandeses, ela sempre afirma), e era impossível achar sapatos que lhe servissem. Só os mais caros davam certo, e não havia dinheiro para comprar um par novo para ela. Os que ela estava usando estavam remendados com fita adesiva, e ela observara mais de uma vez na semana anterior que teria de parar de correr logo, porque seus joelhos não estavam aguentando. Eu sabia o que isso queria dizer. Do jeito que as ecologias das famílias são, a corrida diária de Perdita por Woodstock mantinha nossa casa funcionando bem. Na maioria das famílias há uma pessoa – em geral, embora nem sempre, a mãe ou a avó, ou uma irmã mais velha – que faz a coisa toda funcionar: que toma conta de todo mundo, garante que todos se alimentem e tomem banho, não faltem ao dentista e tenham roupas limpas para vestir de manhã. Eu participava, claro, tinha minhas responsabilidades e tarefas, mas não raro precisava ser lembrado três ou quatro vezes do que tinha de fazer, e quem fazia isso era Perdita. Ela tinha a coisa toda na cabeça como um fluxograma. Mas, com uma corrida de longa distância fora da equação, tudo iria rapidamente desmoronar. E era exatamente o que estava começando a acontecer.

Claro, os tênis serviram perfeitamente. Eram exatamente do tamanho de Perdita – largura e tudo –, e ela acabou usando-os por quatro anos e meio, tanto tempo que as crianças passaram a chamá-los os tênis mágicos da mamãe. Talvez fossem mesmo. Coisas estranhas acontecem quando uma pessoa que não tem nada dá a você algum objeto. Subitamente, juntos, vocês têm tudo. Não é o mesmo que ter o bastante para seguir em frente, ou ter sobras. O que é uma sobra, afinal, a não ser muito para uma pessoa que a tem? "Abençoados os pobres de espírito porque deles é o reino dos céus", diz Jesus no Evangelho segundo Mateus (5:3) – as primeiras palavras de sua pregação pública na Bíblia. Mais tarde, no Evangelho segundo Lucas, ele diz a mesma coisa, mas nesse caso não há menção ao espírito. Ele diz simplesmente: "Abençoados os pobres".

15. Elias ora por chuva

Elias subiu ao cume do Carmelo, e se inclinou por terra, e pôs o seu rosto entre os seus joelhos. E disse ao seu servo: Sobe agora, e olha para o lado do mar. E subiu, e olhou, e disse: Não há nada. Então disse ele: Volta lá sete vezes. E sucedeu que, à sétima vez, disse: Eis aqui uma pequena nuvem, como a mão de um homem, subindo do mar.

1 Reis 18:42-44

Do mesmo modo que o Senhor dissera a Elias no começo de sua pregação que não choveria por muitos anos, agora a ele é dito que a seca está para acabar. Elias vai dizer isso ao Rei Acab e imediatamente sobe o monte Carmelo para orar. Lá ele fica sentado com o rosto entre os joelhos – a postura tradicional dos profetas quando convocados a esperar perante Deus. E é isso que ele faz. Espera. Seu servo deve achar que Elias é doido, mandando-o seis vezes para o alto das montanhas para procurar algo que não está lá. Mas então, no sétimo dia, ele vê o sinal que Elias estava esperando – uma nuvem do tamanho da mão de um homem anunciando que a seca está para acabar.

Quando começamos a prática espiritual, em geral não somos muito bons nessa espécie de espera; queremos que algo aconteça imediatamente. Procuramos algum sinal de que estamos pegando o jeito, fazendo a coisa certa, ou ao menos que estamos no caminho apropriado.

No início, de fato, com frequência recebemos exatamente esse tipo de sinal. Deus é indulgente com os iniciantes, como um pai é com um filho. Usando Elias como modelo, pode-se dizer que precisamos ser alimentados pelos corvos só para saber que Deus está ali. Quanto mais avançamos no caminho para

Deus, todavia, menos esses sinais aparecem. Pense nisso como uma jornada na natureza. Quando saímos de nossas casas, há sinais em abundância indicando nosso caminho. Quando chegamos perto da natureza, esses sinais rapidamente diminuem. Por um tempo ainda há sinalização nas trilhas, e então até isso desaparece e estamos sozinhos na natureza, o que é muito parecido com estar sozinho com Deus.

Tendo passado a infância na zona rural do Arkansas, conheci um homem que levava mais a sério a experiência de esperar do que qualquer um que conheci. O Sr. Kelso trabalhava para minha avó como uma espécie de ajudante e "pau para toda obra", cuidando de suas propriedades de aluguel e fazendo ocasionalmente consertos na casa. Nessa época não convivia com meu pai (minha mãe se divorciara quando nasci e ainda não havia se casado de novo), e, assim, como Kelso sempre parecia estar envolvido em alguma atividade ligada a ferramentas ou veículos, muito cedo comecei a andar atrás dele.

Ele tinha a aparência de um homem que passara a maior parte de sua vida ao ar livre. Era magro mas forte. Suas mãos e rosto tinham há muito sido entregues ao sol. O resto nunca era visível, porque mesmo nos dias mais quentes e de sol mais forte Kelso usava roupas cáqui e botas pesadas e nunca arregaçava as mangas. Só uma vez, quando estava fazendo um ajuste no motor de popa do pequeno barco de pesca em que saíamos todas as manhãs de sábado, tive a oportunidade, de pé atrás dele, de ver suas costas dentro da camisa. A pele era lisa e branca, parecendo até jovem, e por muito tempo depois me senti vagamente envergonhado, como se tivesse descoberto uma parte dele que não era para ninguém ver.

Ele adorava pescar, e nisso seu jeito dava a impressão de um homem que passara longos dias solitários na água com mais nenhuma companhia a não ser o céu. Na maioria dos dias ele falava pouco ou nada. Saímos com o barco fazendo rugas na superfície vítrea do lago St. Francis até finalmente encontrar a pequena baía onde Kelso achava que os peixes poderiam estar mordendo naquele dia. Então colocávamos a isca nos anzóis e os deixávamos prontos. E isso, como dizem, era tudo.

Lembro de meu tio Jimmy uma vez ter dito que Kelso deixava os peixes nervosos. A maneira como ele desligava o motor e ficava lá por dez minutos completos, antes mesmo de jogar a linha, fazia os peixes saberem como ia ser. "Os peixes", Tio Jimmy explicava, "sabem de cara que tipo de homem você é, e esses peixes sabiam que Kelso era capaz de esperar melhor até do que Deus. Cinco, dez minutos assim e eles estariam pondo suas bocas direitinho bem na ponta da linha dele."

Quando criança eu sentia certo assombro em relação a Kelso, não só porque ele podia desmontar qualquer coisa e remontar melhor do que estava antes, mas por sua habilidade para esperar. Havia uma paz que parecia segui-lo em tudo o que fazia. Ele transmitia a sensação de que não havia pressa, de que todas as coisas tomariam seu rumo apropriado se você fosse sensato, paciente e confiasse em Deus para fazer ser assim. Olhando em retrospecto as manhãs com Kelso na água, parece que eu estava aprendendo com ele mais do que apenas pescar. Embora na época tudo o que eu quisesse na vida era pegar um peixe realmente grande.

A história de Elias orando pela chuva é às vezes interpretada como uma parábola sobre a oração, cuja moral é: "Repita sete vezes". Torna-se então uma lição de persistência, similar em alguns aspectos a ficar esperando o bastante com a vara de pesca num lugar para os peixes começarem a morder. Mas há uma lição mais profunda do que essa no coração da história. Como sempre, na

Bíblia, desde que tenhamos paciência para desvelá-las, descobrimos que estamos aprendendo muitas coisas ao mesmo tempo.

A primeira coisa a notar quanto à história é que as tarefas de orar e olhar estão divididas. Não são feitas pela mesma pessoa. Elias ora enquanto seu servo vai ver se alguma coisa aconteceu.

Quando começamos a praticar, tendemos a querer ver os resultados. Queremos ver se a meditação nos está iluminando, se a oração está sendo atendida. Mas tentar fazer as duas coisas ao mesmo tempo reduz nossa prática ao nível de uma mecânica brutal. "Se eu fizer A", dizemos a nós mesmos, "então B deve acontecer", e verificamos se é isso mesmo. Mas não é assim que a prática espiritual funciona. B não é consequência de A, e A não *causa* B – A e B são o mesmo. Isso foi o que eu quis dizer quando escrevi antes que a oração é a *prática* da crença. Realmente não faz sentido tentar separar as duas coisas.

Naturalmente, isso não significa que podemos evitar olhar sobre os ombros para ver como nossa jornada espiritual está indo. Apesar de todas as nossas boas intenções, e a determinação de "orar pela própria oração", verificaremos como estamos de tempos em tempos porque somos seres com consciência de nós mesmos – porque no começo não confiamos em Deus para nos levar aonde quer que precisemos ir. Por essa razão, muitas pessoas optam por trabalhar com um diretor espiritual – qualquer um, do padre ou rabino local a um mais experiente e mais velho "amigo espiritual". Essa pessoa assume a tarefa de olhar para que possamos simplesmente orar. Em certo sentido, o servo é apenas uma extensão de Elias. Afinal, é Elias que o manda de volta para a montanha. Ao mesmo tempo, Elias não vai, mas permanece concentrado em sua oração. A lição aqui é não conferir nossa prática *enquanto* estamos praticando, não espiar se a oração está funcionando *enquanto* estamos engajados na oração. Essa é a primeira lição, e é muito simples: enquanto estamos orando, devemos esquecer todo o resto e simplesmente orar. Deixe o olhar para Deus, ou para um diretor espiritual, ou ao menos para algum momento posterior no tempo. Com o passar do tempo, ficamos melhores nisso. Somos capazes de praticar por períodos cada vez mais longos sem procurar ansiosamente um sinal, e obter como resultado o fato de que, com o avanço da jornada espiritual, menos sinais aparecem. Essa é uma indicação de que aprendemos a arte de esperar, que aprendemos não só a crer em nossa prática, mas a praticar nossa crença. Sentamos e oramos e confiamos em Deus para nos dirigir, de modo que não temos de nos preocupar com o lugar para onde iremos.

Então essa é a primeira lição – aprender a esperar. Mas não é onde a história termina.

Nas primeiras seis vezes em que o servo sobe ao cume do monte Carmelo, ele volta a Elias e diz: "Não há nada". Na sétima ida, todavia, ele enfim vê a nuvem que Elias estava esperando. Se nos mantivermos olhando sete vezes – ou seja, se tornamos orar uma prática, em vez de ocasionalmente fazer uma ou outra oração –, alguma coisa acabará aparecendo desse nada. E a maneira como sabemos que é algo de Deus é que aparece do outro lado, do nada. Do nosso lado, há todos os nossos pensamentos e sentimentos, esperanças e medos, refletidos, por assim dizer, na superfície da individualidade. Mas, por fim, se nos mantivermos nisso por tempo suficiente, essas coisas irão todas desaparecer. Nesse momento, mesmo não havendo sinais indicando o caminho, somos assim mesmo chamados a andar para a frente, guiados pelo chamado de Deus.

Uma vez um discípulo apareceu perante Baal Shem Tov, o fundador do hassidismo, e disse, em desespero: "Tento chegar perto de Deus, mas sempre que o faço Deus recua, e eu nunca me vejo chegando mais perto".

"E como você ensinou o *seu* filho a andar?", perguntou Baal Shem Tov.

O discípulo respondeu: "Bem, ficando por perto, e, quando ele dava um passo, eu dava um passo para trás. Quando ele dava outro passo, eu recuava outro passo, até que um dia ele conseguiu andar."

"Isso é o que Deus está fazendo com você", concluiu Baal Shem Tov.

Queremos um sinal de Deus no começo de nossa jornada espiritual, e no começo geralmente obtemos um sinal. Então, com o avanço da jornada, os sinais se tornam bem poucos. Por que é assim? Porque é assim que Deus nos ensina a andar. Porque é assim que Deus nos ensina que só Deus *pode* nos ensinar a andar, e essa é a prática da crença.

Mas mesmo isso não encerra tudo o que há na história. E quanto à nuvem que aparece vinda do outro lado do nada? E por que toma a forma de uma mão?

A nuvem que o servo de Elias vê é muito pequena – a mais minúscula das nuvens que se pode ver, como uma pequena mão se levantando do horizonte. Tão pequena ela é, de fato, que poderia parecer insignificante não fosse pelo fato de ter a forma de uma mão. Isso a torna íntima, e essa intimidade dá a Elias uma intimação das coisas por vir. Quando surge vinda de debaixo do horizonte vazio do mar, imediatamente ele se põe de pé.

Então disse ele: Sobe, e dize a Acab: Aparelha o teu carro, e desce, para que a chuva não te impeça. E sucedeu que, entretanto, os céus se enegreceram com nuvens e vento, e veio uma grande chuva; e Acab subiu ao carro, e foi para Jizreel. E a mão do Senhor estava sobre Elias, o qual cingiu os lombos, e veio correndo perante Acab, até a entrada de Jizreel.

(1 Reis 18:44-46)

Uma nuvem minúscula, a história nos diz. Mas, realmente, pode ser qualquer coisa que nos dê essa minúscula intimação do que é certo, do que fazer ou, em certos casos, até do que está por vir. Aqui a história da prática espiritual se torna uma narrativa dramática em que os personagens são maiores do que a vida. Mas isso pode e irá nos acontecer também, se aprendermos a esperar Deus. Se na realidade seguirmos essa prática, descobriremos, geralmente de modo inesperado, que, quando enfrentamos algum obstáculo ou temos dificuldade para seguir adiante, se olhamos além dos pensamentos e imagens em nossa mente, olhamos além desse nada, e então, ainda além desse nada para a intimação, receberemos nossa inspiração ou nossa resposta. É assim que achamos nosso caminho ao longo da jornada espiritual.

Deus dá um passo para trás e estende a mão como que dizendo: "Venha um pouco mais perto". Nós damos um passo. E Deus recua de novo. E às vezes, temos de nos conformar com isso por um tempo – não apenas sete vezes, na maioria dos casos, mas setenta vezes sete. A única coisa certa é que, em algum ponto, uma pequena mão irá aparecer, e, abraçando essa pequena mão, nós nos sentiremos atraídos na direção dele, puxando-nos mais para dentro. Nesse ponto somos carregados, levados pelo vento do espírito como Elias, a mão de Deus sobre ele, correndo à frente da chuva.

16. O murmúrio de uma brisa ligeira

Disse-lhe o Senhor: Sai e conserva-te em cima do monte na presença do Senhor: ele vai passar. Nesse momento passou diante do Senhor um vento impetuoso e violento, que fendia as montanhas e quebrava os rochedos; mas o Senhor não estava naquele vento. Depois do vento, a terra tremeu; mas o Senhor não estava no tremor de terra. Passado o tremor de terra, acendeu-se um fogo; mas o Senhor não estava no fogo. Depois do fogo ouviu-se o murmúrio de uma brisa ligeira.

1 Reis 19:11,12

Quando nos aproximamos de Deus, tudo acontece... e nada acontece. Por um lado, podemos ter o que sentimos ser uma autêntica experiência do Divino. Sentimo-nos mudados, transformados, nascidos de novo. Parece que tudo em nossa vida, nossa maneira de entender a nós mesmos e ao mundo, fica permanentemente alterado. Por outro lado, não podemos de forma alguma apontar nada definitivo quanto a esse encontro. Depois, não podemos dizer "foi assim!" ou "foi exatamente daquela forma!". Deus não é *como* nada. Então ficamos entretidos em achar metáforas numa tentativa de nos dar conta do que aconteceu conosco, de vestir o infinito com palavras, o sem precedentes em termos do que já sabemos.

O que é belo na descrição bíblica do encontro de Elias com Deus é que ela não tenta fazer isso. Ela nos diz que houve um grande vento, mas Deus não estava no vento. Ela nos diz que houve um tremendo terremoto, mas Deus não estava no terremoto. Que houve fogo, mas Deus também não estava nele. Então vem "o murmúrio de uma brisa ligeira". Não nos é dito que Deus *não* estava nela, tampouco que ele *estava* – mas depois Elias saiu para ficar na entrada da caverna com seu manto cobrindo o rosto.

O murmúrio de uma brisa ligeira... Essas palavras foram traduzidas de várias maneiras, como "uma voz mansa e delicada", "um suave som murmurante" e "um som de puro silêncio". Recentemente, estive numa reunião em que esse versículo tornou-se o assunto da discussão. Juntamente com um estudioso ortodoxo da Torá e uma mulher que estava estudando para se tornar rabino, chegamos à nossa própria tradução: "e depois do fogo veio o silêncio mais fino possível". Fino como uma folha de ouro. Fino como a membrana mais fina possível. De um lado está Elias, do outro, Deus. Não é de estranhar que, quando sai da caverna, cobre a face com seu manto.

Há uma história paralela no Êxodo, na qual Moisés implora a Deus que lhe permita ver sua face. Deus diz a Moisés que ninguém pode ver sua face e continuar vivo, mas que mesmo assim fará com que sua "glória" passe perante ele. Instruindo Moisés para penetrar em uma reentrância numa rocha, Deus coloca a mão sobre o topo desta, removendo-a no último momento possível, de modo que Moisés possa ter um relance de suas costas se afastando. A tradição judaica diz que o Horeb e o Sinai são a mesma montanha e que, de fato, a caverna em que Elias passa a noite é a mesma "reentrância na rocha" onde Moisés se escondeu para poder testemunhar a glória de Deus sem ser obliterado. As costas de Deus, mas não sua face.

Há uma sabedoria sutil nisso. Não nos é permitido antecipar o Divino. Não é parecido com nada que conhecemos, nem mesmo com nada que possamos imaginar em termos do que conhecemos. Não chegamos a ele seguindo uma estrada na mente para alguma concepção muito elevada, rarefeita ou purificada de Deus. Chegamos ao sair de vez da mente, virando-a, como se fosse do avesso, de modo que não mais busque conter Deus no pensamento, mas em vez disso se joga *sobre* Deus, ou *dentro* de Deus.

É como jogar um dedal no mar. Um dedal não pode conter muito do mar. Você não pode apanhar um pouco do oceano num dedal e dizer: "Este é o oceano". Mas pode com certeza jogá-lo nele. Jogar um dedal dentro do oceano é, em certo sentido, virá-lo do avesso – de modo que seja contido pelo que não pode conter. Da mesma forma, não podemos *conhecer* Deus, mas podemos entrar num estado de não conhecimento no qual *somos conhecidos*. É por isso que o autor anônimo de um manual de oração contemplativa do século XIV chamou sua obra de *A nuvem do desconhecido* – ele sabia que só era possível chegar até Deus jogando nosso dedal no oceano.

No entanto, a questão é sempre a mesma: como *fazemos* isso? É ótimo contemplar uma metáfora que ajuda a inspirar. Mas o que precisamos realmente fazer para dar esses passos finais para fora da entrada da caverna onde poderemos ser conhecidos por Deus?

Há tantos métodos de fazer isso quanto há culturas e pessoas para empregá-los, e ninguém detém a patente universal. Mude as palavras usadas, e qualquer das práticas que se concentram na repetição de um nome sagrado é essencialmente a mesma, não importa se o nome é hindu, budista, judaico, cristão, muçulmano ou algo menos familiar. Todos são caminhos para Deus. O mesmo quanto à meditação. Independentemente dos diferentes objetos de contemplação empregados, são todas maneiras de entrar numa conversa com Deus. Não devemos nos deixar enganar pela conversa da respiração, dos chakras ou dos vários domínios celestiais deste ou daquele buda ou deus. Personalizamos um caminho em particular para Deus de modo que seja adequado a nossas circunstâncias culturais e o declaramos "correto" ou "certo", mas em última análise ele é certo apenas para *nós* – e talvez alguns outros em nossa comunidade. *Todos* são certos para Deus.

Todos são certos... e nenhum deles é. Na realidade, não há nenhuma prática espiritual que chegue a Deus. Em algum ponto da conversa em curso da prática espiritual, quando usamos toda a nossa lábia, quando esgotamos todos os nossos estratagemas para conseguir ser perdoados, ou iluminados, ou salvos, chega a chamada para o passo a frente. Não há jeito de apressar esse evento. A preparação para ele leva o tempo que precisa levar, e pode ser a maior parte da vida, porque Deus é paciente e nós somos muito teimosos, e aparentemente existe um suprimento infinito de vento no mundo. Isso sem mencionar os terremotos ou incêndios. Mesmo assim, de algum modo o momento sempre chega.

Quando a hora chega para Elias, ele segue o chamado de Deus para a entrada da caverna e dá um passo além. Isso é o que somos chamados a fazer. Sem isso não pode haver crença duradoura. Precisamos seguir o chamado de Deus até o limiar extremo do que podemos saber e compreender (é o mesmo que dizer "o que podemos controlar") e dar um passo à frente, rendendo-nos a um poder além do indivíduo.

Por fim, qualquer prática espiritual precisa conter esse elemento essencial de rendição. Com ele, Deus mostrará o caminho – mesmo se nos sentirmos completamente perdidos, mesmo se não tivermos certeza do lugar para onde estamos indo ou do que estamos fazendo. Sem isso podemos nos perder, não importa o que façamos. De fato, não precisamos muito mais do que isso no começo, não muito mais do que a *disposição* de crer.

Uma vez, quando Jesus estava com seus discípulos Pedro, Jaime e João (coincidentemente seguindo uma visão em que eles viram Jesus no topo de uma montanha entre Moisés e Elias), eles encontram um homem com seu filho epilético. O pai pede a Jesus para ajudá-lo, se puder, e Jesus responde: "Tudo é possível ao que crê". "Imediatamente exclamou o pai do menino:

Creio! Vem em socorro à minha falta de fé!" (Marcos 9:24). Esse é o modelo para qualquer um que começa uma prática espiritual. Jamais faríamos tal coisa se já não estivéssemos no meio de uma luta entre a fé e a dúvida. Uma prática espiritual – *qualquer* prática espiritual – é a expressão dessa luta. Portanto, no coração de toda prática está o mesmo pedido simples: "Vem em socorro à minha falta de fé!".

É por isso que Elias está na caverna, para começar. Ele se desentendeu com as mais poderosas forças políticas de sua época, e isso resultou no fato de que a Rainha Jezebel jurou matá-lo antes que outra vez o sol se pusesse. Elias foge para o deserto, encontrando seu caminho durante um período de quarenta dias e quarenta noites voltando ao caminho que Moisés percorreu para levar os israelitas à terra prometida, até chegar às montanhas onde Moisés recebeu as tábuas da lei. Ali ele se esconde na reentrância da rocha, com as dúvidas mais profundas sobre o futuro de sua missão profética. Quando uma voz lhe pergunta o que está fazendo escondido em vez de prosseguir em sua missão, Elias responde: "Os filhos de Israel deixaram a tua aliança, derrubaram os teus altares, e mataram os teus profetas a espada, e só eu fiquei, e buscam a minha vida para ma tirarem" (1 Reis 19:10). É quando a voz lhe diz para ir ficar na entrada da caverna, o lugar da prática, o lugar que ocupamos para expressar nossa disposição de crer, não importando as dúvidas que tenhamos naquele momento. E um grande vento vem. E então um terremoto. E então o fogo.

Por fim, "o murmúrio de uma brisa ligeira" chama Elias, e ele dá um passo para fora da entrada da caverna. Qualquer que seja a prática que ele estivesse realizando (embora provavelmente envolvesse jejum, nunca é mencionado especificamente do que se trata), naquele momento ela termina. Tudo o que resta é a rendição. E não há realmente como praticar isso.

"Creio! Vem em socorro à minha falta de fé!" Isso praticamente resume tudo para nós. Cremos o bastante para nos descobrir presos na luta entre a fé e a dúvida, mas não o bastante para conseguir nos soltar dela. Não é algo que possamos fazer por conta própria. Não podemos jogar nosso dedal, não podemos cair para trás nos braços de Deus até crermos nele, e não iremos crer em Deus até que ele nos segure quando estivermos caindo. Enquanto isso, temos de fazer *algo* – orar, meditar, dizer o rosário, até mesmo manipular cobras ou falar em línguas. Não podemos evitar, e (por mais que as pessoas se deem importância por suas práticas religiosas) não importa, desde que no centro disso, implícita ou dita em voz alta, haja uma simples oração pela crença. Se estiver ali, todo o resto virá. Deus está esperando. E em algum momento (ninguém sabe exatamente como ou por quê) caímos.

17. Questionando Deus

Disse-lhe o Senhor: Notaste o meu servo Jó? Não há ninguém igual a ele na terra: íntegro, reto, temente a Deus, afastado do mal. Mas Satanás respondeu ao Senhor: É a troco de nada que Jó teme a Deus?

Jó 1:8-9

Jó chegou a ser considerado um dos livros mais antigos da Bíblia. Agora sabemos que foi escrito muito tempo depois. Ainda assim, a crença em sua antiguidade faz sentido, porque a questão por ele abordada é uma das mais antigas: por que sofremos?

O livro de Jó é uma tentativa de responder a esta questão fundamental, portanto seu lugar na Bíblia é por si só um enigma. Noutras partes a Bíblia sustenta que Deus pune os pecadores e recompensa os justos. Jó, por si, representa uma ameaça para essa asserção genérica. Bem no meio da Bíblia ela aparece do nada, uma descontinuidade de quarenta e dois capítulos na própria trama da crença judaico-cristã.

Quando o drama começa, Jó é posto como peão involuntário de uma disputa entre imortais. Satã, numa das poucas vezes em que aparece na Bíblia, volta para o céu para uma reunião de anjos, na qual Deus chama sua atenção para Jó, um homem completamente íntegro que teme a Deus e evita todo o mal.

Satã não fica impressionado. "É a troco de nada que Jó teme a Deus?" – ele retruca, considerando que Deus deu a Jó uma grande família e o fez prosperar, protegendo tudo o que possuía. "Mas estende a tua mão, e toca-lhe em tudo quanto tem, e verás se não blasfema contra ti na tua face" (Jó 1:11). Assim, com a permissão de Deus, Satã tira de Jó tudo o que ele tem – seus animais, seus servos e até mesmo seus filhos.

Por mais terríveis que sejam, Jó reage a essas calamidades apenas com a expressão tradicional do luto judaico: "O Senhor deu, e o Senhor tomou" (Jó 1:21). Então, Deus permite que Satã vá adiante e aflija sua carne e ossos. Até mesmo a esposa de Jó não é ajuda nenhuma nesse momento. "Amaldiçoa a Deus, e morre" – é o único conselho que ela lhe dá (Jó 2:9). É aqui que a história de Jó realmente começa. Nós o encontramos reduzido a nada, sentado numa pilha de cinzas, o corpo coberto de pústulas dos pés à cabeça.

Em seguida, três amigos chegam para consolar Jó, mas no começo não sabem o que dizer. É evidente que nenhum consolo pode abrandar sua dor. Confrontados com a terrível verdade de seu sofrimento, todavia, acabam recobrando a fala, e cada um por sua vez faz o melhor que pode para explicar aquilo tudo. Se Jó sofre, é porque deve ter pecado. *Deve* haver algo que Jó fez, ou *deixou* de fazer, para explicar o que aconteceu; caso contrário, o universo não faz sentido. Do ponto de vista deles, pouco importa se, no fim, Jó é inocente em sua própria opinião. Deus deve saber de algo que Jó não sabe.

Apesar do fato de um manual para a libertação jazer enterrado em seu coração, na maior parte do tempo a Bíblia é um documento que tem a intenção de promover e manter certas normas de comportamento social e religioso. Portanto, a mensagem da Bíblia geralmente parece ser "siga as regras e Deus irá protegê-lo e fazê-lo prosperar". Mas, se seguirmos essa linha de pensamento, é fácil imaginar que de algum modo podemos "passar Deus para trás" – que podemos compreender Deus e manipulá-lo, e portanto assegurar nossa felicidade e salvação última comportando-nos de certa maneira – o que, paradoxalmente, faria de *nós* Deus, já que nos daria uma espécie de poder sobre ele.

Jó é uma refutação da ideia de que os seres humanos podem afetar Deus dessa maneira, tendendo para um ou outro lado na escala moral, para a direita ou para a esquerda – ou mesmo ficando no meio do caminho. A simples verdade é que o que acontece com Jó acontece com nós todos. No fim, acabamos perdendo tudo, tenhamos devotado nossas vidas para a prática espiritual ou não. O livro de Jó é apenas uma versão acelerada da mais antiga e mais universal história humana: nascemos e, se temos sorte, encontramos o amor e envelhecemos, mas no fim perdemos tudo, não importa o que façamos. Não há como escapar à realidade da velhice, da doença e da morte, mesmo se *pudermos* dizer sobre nós o que Jó pode, ou seja, que somos perfeitamente bons e direitos.

Não é de estranhar que para muita gente o livro de Jó coloca em questão a própria natureza de Deus – quem ele é, o que é, e se é mesmo bom. Isso é por si só uma espécie de prática espiritual que não podemos evitar empreender, se vivemos e respiramos no mundo. É parte da conversa com Deus. Para algumas pessoas pode ser a maior parte dessa conversa, portanto a parte maior de sua jornada espiritual. Para Jó, é tudo. Sua prática antes de a história começar era ser um bom judeu, seguir as regras estabelecidas por Deus (ou simplesmente pelas autoridades religiosas da época). Uma vez que tudo isso acaba, no entanto, e a ilusão de enrolar Deus com a linguagem corporal de uma vida imaculada é demolida, tudo o que lhe resta é questionar Deus.

Mas primeiro ele precisa aprender *como* questionar, porque no começo não sabe. Questionar Deus não é como fazer perguntas a seus amigos. Se Jó deseja questionar Deus, precisa fazê-lo de maneira adequada. Isso significa fazer uma pergunta grande o bastante para conter a resposta – uma questão aberta. Uma questão para a qual ele não tenha preparado secretamente sua resposta antes.

Foi o que Shajyamuni Buddha fez, coincidentemente por volta da mesma época em que o livro de Jó estava sendo composto. Confrontado com a inescapável realidade do sofrimento humano, ele parte em busca de uma resposta. Renunciando ao conforto do palácio em que cresceu, ele vai para a floresta e começa a aprender as variadas formas de prática espiritual disponíveis na época. Domina a meditação, a visualização e a renúncia, e jejua tão bem que no fim é capaz de pôr os braços em volta do corpo e segurar sua espinha dorsal. Mas nenhum desses métodos funciona. Quando muito, ele apenas fica mais fraco e desesperançado de tanto praticá-lo.

Enfim, Shakyamuni aceita uma tigela de arroz e coalhada de uma liteira que passa, e, com a força restaurada, senta-se sob uma figueira-de-bengala e decide não se levantar de novo enquanto não resolver o problema do sofrimento – até saber qual a sua origem última e o caminho além dele.

É aqui que Satã entra na narrativa. Mara, cujo nome significa literalmente "assassinato e destruição", chega para testar o Buda aspirante, ameaçando-o com um vasto exército de demônios, tentando-o com visões de mulheres bonitas, e assim por diante. Mas o Buda mantém-se sentado sob a árvore, olhando fixamente além da ilusão das tentações de Mara e diretamente para o coração da condição humana, e então finalmente exclama: "Oh, ignorância!".

Sobre esse momento, o sacerdote budista Akegarasu Haya escreveu:

Por muito tempo, eu queria saber o que Shakyamuni pensava exatamente no momento de seu despertar. Mas eu não conseguia compreender. Inicialmente achei que Sahkyamuni despertara para sua natureza de Buda. Isso era provavelmente o caso, mas eu dificilmente compreendia isso dentro do contexto de minha própria vida.

Este ano eu consegui compreender que exatamente o que Sahkyamuni pensava no momento de seu despertar estava expresso em sua exclamação "oh, Ignorância!". "Oh, Ignorância!" significa "Oh, tre-

va!". Quando Sahkyamuni disse isso, o demônio que ele via face a face não era na realidade um demônio, mas era sua própria individualidade. (...) Nesse sentido, o que Sahkyamuni pensava exatamente no momento de seu despertar era a percepção de que "eu sou o demônio".

"Se ele tivesse gritado 'Oh, luz!'", Akegarasu concluiu, "a ignorância teria imediatamente aparecido". Em outras palavras, o Buda tinha chegado à iluminação não porque dominara a meditação ou compreendera Deus, mas porque percebera a verdadeira natureza da individualidade. *"Oh, Ignorância!"*, ele exclama, e se descobre não mais Siddhartha, a pessoa que achou que podia superar o sofrimento por compreendê-lo, mas o Buda, o Iluminado que renunciou eternamente a toda a veleidade de sua própria importância e está simplesmente "desperto".

No fim, a questão que Jó colocada perante Deus – "Por que sofro?" – é tornada significante pela resposta que recebe ao encontrar Deus. Pois ele de fato o encontra. No capítulo 38, Deus responde a Jó de um redemoinho, dizendo: "Quem é este que escurece o conselho com palavras sem conhecimento? Agora cinge os teus lombos, como homem; e perguntar-te-ei, e tu me ensinarás" (Jó 38:2-3). É, de todas as formas possíveis, uma inversão de papéis. Afinal, a série de questões que Deus coloca para Jó, contendo algo do que está entre a maior poesia mística do mundo, tem o efeito último de desfazer não só a questão, mas o próprio questionador. O que é outra maneira de dizer que a questão de Jó, ao ser obliterada, é finalmente feita grande o bastante para Deus.

Imagine a resposta que o oceano poderia dar a um grão de areia que estivesse preocupado com a justiça de seu destino. Qualquer que seja a resposta que um grão de areia possa obter do oceano, deve ter necessariamente o efeito de fazê-lo sentir-se, em comparação, inimaginavelmente pequeno. De fato, em hebraico as palavras "abomino a mim mesmo", que Jó usa no último capítulo do livro, derivam de uma raiz que significa "derreter em nada". É um tanto surpreendente que, a meio caminho do interrogatório de Deus, Jó diga: "Porém não prosseguirei" (Jó 40:5) e coloque a mão sobre a boca?

No fim Jó é recompensado e recebe de volta tudo o que perdera. No capítulo final Deus se refere a ele quatro vezes como "meu servo Jó", reafirmando o que dissera no começo, que se trata de um homem reto e íntegro. Deus chega ao ponto de repreender os três amigos de Jó por suas observações, porque falharam não só perante Jó (ao atribuir-lhe pecados que não cometera), mas também perante Deus, "porque não falastes de mim o que era reto, como o meu servo Jó" (Jó 42:7).

No fim, fica claro o bastante que os amigos de Jó acreditavam ser possível explicar Deus, fazendo assim seu comportamento moralmente compreensível ao homem. Isso, então, é a coisa que está errada. Mas é realmente diferente da atitude de Jó, porque ele também esperava que Deus o recompensasse – ou ao menos não o punisse – por seu bom comportamento? Ele também quer um Deus previsível e cabível – um Deus que ele pode influenciar e compreender. "O que era reto" só pode ser dito por Jó bem no final, quando ele fica face a face com Deus: "Com o ouvir dos meus ouvidos ouvi, mas agora te veem os meus olhos. Por isso me abomino [me reduzo a nada] e me arrependo no pó e na cinza" (Jó 42:5-6).

Essa é outra maneira de dizer que nosso nada é o tudo de Deus. E é disso que se acaba tratando no fim: uma questão que nos vira do avesso, uma resposta que revela na insignificância do grão de areia a vastidão e a beleza do mar de onde ele veio – o mar que está sempre em toda parte a sua volta, e sempre esteve e sempre estará. Eternamente. Amém.

18. Os dois caminhos

Porque o Senhor conhece o caminho dos justos; porém o caminho dos ímpios perecerá.

Salmos 1:6

Os salmos são uma Bíblia em miniatura, um tesouro de seus ensinamentos mais profundos. Está tudo ali – cada emoção, cada *insight*, quase literalmente todas as possibilidades de sentimentos e pensamentos humanos. Na verdade, podemos estudar apenas os salmos, ou o resto da Bíblia, e no fim nossa compreensão será a mesma.

Dentro dos salmos há outro tesouro – um tesouro *dentro* de um tesouro, que oferece valiosos indicadores para nosso caminho. Por essa razão, quando os salmos foram reunidos, esse tesouro foi posto na frente, no lugar de honra, como uma espécie de introdução para tudo o que segue. Sua mensagem era simples: há dois caminhos que uma pessoa pode seguir durante a vida – o caminho dos justos e o caminho dos ímpios. O caminho dos justos leva à felicidade e à prosperidade; o caminho dos ímpios leva à morte. Interpretando literalmente, os dois caminhos são mutuamente exclusivos. Seguir um necessariamente exclui seguir o outro. Entre os dois não pode haver aproximação até o fim dos tempos.

Há outra maneira de interpretar o Salmo 1, mais libertadora todavia, porque não leva à mentalidade "nós contra eles" que afligiu a religião ocidental desde os primórdios. De forma breve, diz que os salmos devem ser lidos interiormente, com ausência de projeção. Em outras palavras, quando o salmista fala de inimigos que "murmuram contra" ele e "tramam sua destruição", os inimigos a que se refere não são literais, mas aspectos despedaçados do indivíduo, chame-os como quiser – vícios, a sombra, pensamentos, impulsos ou atos autodestrutivos. Lido dessa maneira, o salmo nos mostra que dentro de nosso ser há potenciais positivos e negativos. Podemos optar por seguir um ou outro, e o que escolhermos determinará em grande medida a felicidade ou infelicidade de nossa vida.

Mas isso nada faz para resolver a batalha que grassa à nossa volta e dentro de nós, bem como através dos salmos e da própria Bíblia – sendo ela a aparentemente interminável guerra entre o bem e o mal. Internaliza essa guerra, com certeza, fazendo-a menos arriscada para nós mesmos e para nossos vizinhos; mas na realidade não a faz parar.

Felizmente, contido no Salmo, há o segredo de uma "terceira via", uma via que para de vez a guerra, curando a divisão que vivenciamos interna e externamente em quase todos os níveis da vida comum.

Enquanto a abordagem literal vê a vida dividida em dois campos inimigos, e a abordagem psicológica (que esposa uma sensibilidade mais moderna, progressista) a vê composta de duas partes que fazem um todo, a abordagem mística vê um todo sem nenhuma parte, porque interpreta o salmo inteiro como uma instrução prática para orar. Que outra maneira melhor de começar os salmos, às vezes chamado "o livro de orações da Bíblia", do que com um simples e claro ensinamento sobre como orar?

O ensinamento místico vê apenas o caminho dos justos. O caminho dos ímpios não é real. Assim, eles "não subsistirão no juízo" (Salmos 1:5), mas perecem imediatamente na luz da verdade de Deus. Fico atônito com o quanto essa abordagem é similar ao ensinamento básico de um livro que para muita gente serve como uma espécie de substituto da Bíblia. *A Course in Miracles* começa com seu próprio "salmo" breve:

Nada real pode ser ameaçado,
Nada irreal existe.
Nisso reside a paz de Deus.

"Porque o Senhor conhece o caminho dos justos; porém o caminho dos ímpios perecerá." Perecerá porque "tudo é poder outro", porque fora da única realidade verdadeira, que é Deus, nada *pode* existir.

De acordo com Martin Buber, o Rabino Menhaem Mendel de Kotzk uma vez comentou o versículo das escrituras que diz "deixe o ímpio o seu caminho" (Isaías 55:7). "O homem ímpio *tem* um caminho?", perguntou; como ninguém conseguiu responder, ele disse: "O que ele tem é um *atoleiro*, não um caminho. Então, o que se quis dizer foi isto: 'deixe o homem ímpio ter seu 'caminho', ou seja, a ilusão de ter um caminho'".

Essa ilusão é perfeitamente ilustrada no primeiro versículo do Salmo 1:

Bem-aventurado o homem que não anda segundo o conselho dos ímpios, nem se detém no caminho dos pecadores, nem se assenta na roda dos escarnecedores.

Note a progressão – de andar para se deter, para se assentar. Não há um "caminho" aqui em qualquer sentido ativo, apenas ficar gradativamente mais e mais parado. É compreensível então que o rabino de Kotzk o tenha descrito como um atoleiro.

O caminho da ilusão começa bastante inocente – com todos seguindo o conselho impecavelmente legítimo do indivíduo terreno, com suas muitas preocupações com nossa proteção, segurança e respeito próprio. Mas o preço dessa segurança é finalmente a própria jornada espiritual – em que nos descobrimos sentados entre os "escarnecedores", aqueles que dizem que nunca houve um Deus para buscar, para começo de conversa. Mas não há necessidade de projeção aqui. O que isso realmente significa é que finalmente nos descobrimos "des-Deusados" – em outras palavras, sem esperança e sozinhos.

O caminho para evitar esse destino é revelado no versículo 2:

Antes tem o seu prazer na lei do Senhor, e na sua lei medita de dia e de noite.

A palavra *lei* tem muitos significados na Bíblia, só um deles implicando legalidade. Aqui ela se refere aos ensinamentos, tanto em sua forma escrita quanto na internalizada. Assim, é dito a nós que o homem abençoado é aquele que se deleita com a lei do Senhor e "medita" sobre ela dia e noite – em outras palavras, a pessoa cujos pensamentos em cada situação são primariamente sobre Deus. Realmente, é simples assim. A maneira específica do pensar – e a prática, se houver alguma, a ela associada – é menos importante.

É interessante que a palavra hebraica para "meditar", *hagah*, signifique "ponderar, murmurando consigo mesmo". Essa é uma prática espiritual que está virtualmente ao alcance de qualquer um, pois é algo que todo mundo já faz constantemente, quer seja ouvido ou não. Essa deve ter sido a ideia por trás das cenas de abertura do notável filme de Wim Wenders *Asas do desejo,* que retrata o trabalho dos anjos na Berlim dos dias de hoje.

Quando o filme começa, vemos pessoas pela cidade em várias situações, da mortal à prosaica. Do lado de cada uma delas há um anjo, ouvindo seus pensamentos. Alguns são raivosos. Outros, preocupados. Alguns, tristes. Um homem se suicida. Outro lê a *Odisseia*. Todos estão ponderando sobre seu lugar no mundo. E um ou dois estão ponderando sobre Deus.

A verdade avassaladora é que – e isso deve ser o que o poeta alemão Peter Handke tinha em mente ao escrever o roteiro – *estão todos orando.* Em 1 Tessalonicenses, Paulo aconselha os primeiros cristãos a "orar sem cessar" (5:17), mas já fazemos isso. Então por que não somos felizes, ou "bem-aventurados", como o salmo diz que ficaremos? É porque a maioria de nós vivencia essa oração apenas como falar consigo mesmo.

A mais simples, e em muitos aspectos a melhor, definição de oração é "falar com Deus e não apenas consigo mesmo". Naturalmente, quando você fala com outra pessoa, volta a face para ela, e é isso que devemos fazer para orar. Mostrar a face para Deus significa não se esconder dele. Significa render nossos pensamentos e sentimentos para ele, virar do avesso nosso ser de modo que essas coisas que chamamos "eu" ou "minha" passem a ser chamadas "vós" e "vossa".

Como diz o salmista, "Confiai nele, ó povo, em todos os tempos; derramai perante ele o vosso coração" (Salmos 62:8). Naturalmente, isso só pode funcionar se não segurarmos nada. A água despejada não volta para o vaso. Então a despejamos... e a deixamos ir.

A coisa mais importante para lembrar nesse tipo de oração é que ela não nos pede para julgar nossos pensamentos e sentimentos, mas apenas para rendê-los. Deus julgará entre a verdade e a ilusão, e o caminho do justo emergirá. Nós a chamamos de "terceira via", porque fica acima, e é a parte da batalha que fica entre o bem e o mal. É uma terceira via porque põe a batalha para descansar.

19. O coração desperto

Eu dormia, mas meu coração velava...

Cânticos 5:2

O rabino que me ensinou sobre a oração judaica dedicou vários meses a discutir uma passagem do Mishnah, o código da lei judaica. De fato, foi tudo o que ele discutiu comigo. Caminhava até as enormes estantes que ocupavam uma parede inteira de sua sala de estar, pegava um grande livro com capa de couro e, não sem pouca demonstração de cerimônia, abria-a na mesa diante de nós, tirando a barba da frente com uma mão, enquanto com a outra se inclinava, percorrendo os caracteres hebraicos com o indicador até achar a passagem em questão. Eu esperava que ele repassasse o livro de orações, explicando o She'ma ("Ouça, ó Israel, o Senhor nosso Deus, o Senhor é Uno"), as Dezoito Bênçãos e vários outros pilares da liturgia judaica. Em vez disso, ele pegava o mesmíssimo volume toda semana e começava lendo a mesma passagem: "Não se erga para orar a não ser com a cabeça pesada" (Berakoth 5:1). Então perguntava: "Por que os rabinos antigos diziam 'não se erga para orar a não ser com a cabeça pesada'?".

Quando fiz a mesma pergunta na reunião de estudo da Bíblia, uma das participantes disse algo de que nunca esqueci. Ela observou que, quando uma criança começa a crescer no útero da mãe, seu corpo forma um círculo, de modo que a cabeça realmente toca o coração. Com o passar do tempo, todavia, a cabeça gradativamente se ergue e o corpo fica reto, assim, quando a criança nasce, isso não mais é possível. Mantemos nossas cabeças erguidas, olhando o mundo em volta, cativados por tudo o que vemos, e por fim o coração fica quase esquecido. Para que a cabeça toque o coração de novo, ela explicou, é preciso permitir que ela fique pesada. "E essa é a jornada espiritual", concluiu. "Cobre apenas essa curta distância da cabeça ao coração, não mais que isso – ainda assim, vejam só o trabalho que nos dá!"

Quando começamos a prática da oração, parece que o coração está a grande distância de nós. Às vezes nos distanciamos tanto, de fato, que não lembramos mais em que direção ele fica. Na realidade, para percorrer essa distância só precisamos da cabeça pesada. Fisicamente falando, quando estamos de pé ou sentados, a cabeça fica na linha de prumo do coração – se ela "cair", não há outro lugar para onde possa ir.

Embora hoje em dia muitos de nós estejamos engajados em algum tipo de prática espiritual, raramente vivenciamos conscientemente o que os rabinos de antigamente chamavam de "cabeça pesada". Mesmo assim, essa vivência nos revisita pelo menos uma vez por dia, quando adormecemos. Nossa cabeça fica pesada... e dormimos. Não é o mesmo que erguer-se para orar após uma hora com o coração voltado para Deus, e de manhã temos pouca lembrança de que alguma coisa aconteceu. Mas é um bom lugar para começar o resgate da antiga arte de orar.

Após três semanas seguindo um "horário pré-histórico" de sono, os participantes de uma pesquisa no *National Institut of Health* disseram que até então nunca haviam sabido qual era a sensação de estar acordado. O pesquisador Thomas Wehr tinha pedido aos participantes para seguirem um horário de dormir baseado na noite do meio do inverno, de quatorze horas de duração, recolhendo-se ao anoitecer e levantando na alvorada. Ele queria verificar se os seres humanos haviam preservado uma espécie de relógio interno, mantendo calibrada a proporção entre sono e vigília com as mudanças sazonais da luz.

De fato preservaram.

Naquela oportunidade, os participantes – todos homens e mulheres comuns – reverteram para o que Wehr concluiu que devia ter sido o modo de sono invernal humano mais antigo: começavam a noite ficando quietos na cama por duas horas, num estado de repouso que Wehr descreve como nem vigília nem de sono, e sim outro estado, "com uma endocrinologia própria". Então dormiam durante quatro horas antes de acordar para duas horas de "repouso", daí o padrão começava de novo.

"É tentador especular", Wehr escreveu, "que na época pré-histórica esse arranjo fornecia um canal de comunicação entre os sonhos e a vida desperta que foi sendo gradualmente fechado quando os seres humanos comprimiram e consolidaram seu sono".

Pesquisando sobre a vida anterior à invenção da lâmpada, o historiador jesuíta John Staudenmaier chegou a uma conclusão similar:

Atividades que precisavam de boa luz – em que ferramentas afiadas eram empregadas ou limites nitidamente definidos eram mantidos: atividades com propósitos, concebidas para atingir metas específicas; em suma, aquilo que chamamos de trabalho – tudo isso cessava com a luz tênue do anoitecer. A pressão de trabalhar ausente, as pessoas tipicamente iam para casa e tinham tempo no começo da noite para assuntos menos urgentes e mais sensuais: contar histórias, sexo, oração, sono, sonhos.

É interessante notar que todos os "assuntos mais sensuais" mencionados por Staudenmaier, exceto o sono, envolvem a comunicação – com o outro, com Deus, com aquele aspecto mais profundo do indivíduo que chamamos de "coração" ou "alma".

Isso significa que não há mais espaço para comungar com nossos corações? E o que aconteceria se arranjássemos esse espaço de novo? O problema é que redefinimos o estar acordado no mundo moderno de uma forma que exclui a experiência do coração desperto. Por "estar acordado" hoje entendemos algo mais próximo à capacidade de desempenhar os tipos de atividade descritos por Staudenmaier como "precisando de boa luz". Guiar um carro, por exemplo. Dirigir requer o tipo de reflexo de que necessitamos para nos levar aonde queremos ir, mas não o tipo de estado de alerta que nos diz que o local para onde estamos indo está certo, para começar. Não nos fornece uma noção de significado, ou conexão, ou uma noção de propósito para viver no mundo. No mínimo esse tipo de estado desperto – gerado externamente pela luz artificial, pela cafeína, por tarefas que requerem concentração e tensão em vez de uma mente flexível, relaxada – tende a nos distrair por longos intervalos do propósito de nossos dias.

É quase como se, no mundo moderno, os próprios ritmos diurnos da consciência tivessem sido invertidos, de modo que permitimos que a parte de nós que supostamente devia estar sempre desperta cochile, enquanto a parte que se devia deixar descansar tem as pálpebras permanentemente abertas, e a ela se deram as rédeas de nossa vida. Não é de estranhar que as coisas estejam tão fora de controle.

"Eu dormia, mas meu coração velava..." Esse versículo é tirado dos Cânticos, um poema lírico de amor singular em meio a todos os livros da Bíblia, em seu jubilante retrato do amor sexual, singular também por ser, fora Ester, o único livro que nunca menciona o nome de Deus. Por ambas as razões, sua inclusão no cânone hebraico foi outrora assunto de grande discussão. No fim, o amor pela poesia prevaleceu – isso e o fato de que os antigos rabinos insistiram que era realmente um manual de oração. Não ficavam chocados diante do fato de que o autor retratou a oração como um caso de amor com Deus. As imagens eróticas e a sonolenta conversa de amor nos Cânticos adequavam-se muito bem à intimidade que vivenciavam em suas conversas noturnas com Deus. "Eu dormia, mas meu coração velava" descreve perfeitamente o momento em que nossos corações entram naquele espaço entre sonhar e estar desperto, familiar a todos os amantes também, quando a oração se torna tão fácil quanto respirar, o fluxo de palavras sai sem impedimentos de nossos lábios. O coração é a única testemunha do que se passa nessa conversa. A cabeça acorda em algum ponto muito mais distante na jornada espiritual, com a sensação de que algo auspicioso ocorreu.

Por isso é que meu amigo rabino nunca discutia comigo as complicações da oração judaica. Ele sabia que bastava ensinar a descansar minha cabeça no ombro de Deus, como um amante. Não estava preocupado com o que especificamente devia ser dito. É o que acontece quando amamos: quando o momento chega, simplesmente sabemos.

20. Jonas e a aboboreira

Fazes bem em ficar assim por causa da aboboreira? E ele disse: Faço bem que me revolte até a morte.

Jonas 4:9

Jonas, o profeta mais relutante da Bíblia, ironicamente é também o mais bem-sucedido. Ele prega para o povo "daquela grande cidade de Nínive", e todos – do próprio rei aos animais – imediatamente se despojam e começam a jejuar. É como se o arrependimento dos ninivitas, ostensivamente a principal ação da história, fosse na realidade uma espécie de trama secundária. E, de fato, esse parece ser o caso. A história não é realmente sobre os ninivitas, que Deus poderia ter salvo facilmente por conta própria. É sobre Jonas, que não quer que eles sejam salvos e portanto corre o risco de perder a salvação ele mesmo. A ação real da história está ligada às tentativas de Deus de salvar Jonas, que em dado momento confessa abruptamente que, se isso significa salvar também os ninivitas, ele prefere morrer!

Desde o começo Jonas parece comprometido com a ideia de que Nínive, a grande inimiga dos judeus, deveria ser destruída. A razão para sua raiva na história, e para o fato de que ele primeiro foge a sua missão para ser engolido por um peixe enorme e colocado de novo no curso, é que ele não pode viver com a ideia de que pode realmente se tornar o agente da salvação deles. Rapidamente fica claro que Deus pretende salvar os dois ao mesmo tempo. É isso o que Jonas quer dizer quando declara a Deus que se revolta até a morte. Ele prefere morrer a incluir seu inimigo no plano de salvação de Deus. Prefere morrer a incluir os ninivitas em sua oração.

Quando me mudei para Woodstock, ainda fazia parte de um grupo de poesia em Manhattan. Uma noite por mês eu me via dirigindo para casa muito tarde da noite, às vezes lutando para me manter acordado ao volante. A princípio o café funcionava bem para me despertar, mas eu perdia o sono quando chegava em casa, de modo que, para manter a mente desperta, inventei um jogo envolvendo as rádios cristãs. Chamei-o de "Esperando o outro sapato cair".

Começava cada partida procurando no rádio até achar um ministro de que gostasse. Não era tão difícil como algumas pessoas acham. Cresci com pessoas tementes a Deus, e, embora pudesse não gostar de sua visão política em alguns casos, as pessoas em si eram normalmente bem genuínas. Quando encontrava um pregador que me lembrava alguns dos melhores cristãos com quem cresci, ouvia o que ele tinha a dizer sobre esta ou aquela passagem da Bíblia. Muito do que sei sobre o assunto aprendi desse jeito. Mas no fim quase sempre vinha o "momento Jonas", quando a caridade cristã chegava ao fim. Algumas noites era a homossexualidade que começava o vociferar intolerante, às vezes apenas o sexo. Numa ocasião, uma mulher ligou para pedir conselhos e recebeu alguns bastante sensatos sobre todos os tipos de assuntos familiares e de uso de drogas por meia hora, até o pregador ficar apoplético com o fato de ela ter ido à igreja uma semana antes, e lá haviam permitido que uma mulher pregasse. "Não permito, porém, que a mulher ensine, nem use de autoridade sobre o marido, mas que esteja em silêncio", ele gritou, citando o apóstolo Paulo, "porque primeiro foi formado Adão, depois Eva" (1 Timóteo 2:12-13).

Na verdade, todos nós temos momentos assim, o desejo de excluir *alguém* de nossas orações em vez de fazê-las universais, por todos os seres humanos. As rádios cristãs são apenas um exemplo. Podemos encontrar a mesma atitude, sem dúvida, nas rádios muçulmanas ou judaicas – até mesmo nas rádios budistas, se é que existem. E não só aí. Depois que presenciamos atos violentos de extremistas estrangeiros ou nacionais, para um número cada vez maior de pessoas a própria religião se tornou uma espécie de Nínive, sem o qual o mundo podia muito bem ficar. Então, com frequência até mesmo religiosos podem se ver excluídos das orações dos outros – mesmo se for apenas uma oração secular ou científica. O desejo de excluir os outros é muito, muito forte.

Sofremos de uma forma aparentemente terminal de rivalidade entre irmãos em relação à graça de Deus. Queremos ter mais dela do que nossos irmãos e irmãs, e às vezes a queremos toda – como se a salvação fosse uma mercadoria que pudesse ser limitada dessa maneira. Como se fosse um recurso limitado que precisasse ser monopolizado por hindus ou budistas, ou por muçulmanos, cristãos ou judeus. Mas, claro, se pudéssemos monopolizar a salvação dessa forma, não *seria* salvação. E Deus não seria Deus. Depois de Jó, Jonas é o livro da Bíblia que contém a conversa mais exaltada com Deus. É o livro em que os participantes dessa conversa mais se revelam como realmente são. Jonas mostra a Deus o que ele realmente sente e pensa, sem esconder nada, nem mesmo o ódio, a raiva e a censura. E Deus, da forma mais íntima do que em qualquer outra parte da Bíblia, ouve pacientemente, assimilando tudo, sempre levando a conversa de volta para a mesma pergunta simples: "Você tem algum direito de estar com raiva?".

Inicialmente, Jonas não responde. Em vez disso, constrói uma cabana a leste da cidade, esperando ter um assento na primeira fila para o apocalipse caso o arrependimento dos ninivitas não seja o bastante para satisfazer Deus. Mas Deus, por sua vez, revela-se amoroso tanto para os ninivitas como para com Jonas, fazendo com que uma aboboreira cresça "para que fizesse sombra sobre a sua cabeça, a fim de o livrar do seu mau humor" (Jonas 4:6).

Isso deveria bastar para ensinar Jonas o que ele precisa aprender, mas não basta; Jonas sente que tem direito à planta. Ele acha que tem um direito especial de ser protegido do sofrimento, enquanto os ninivitas não. Assim, na manhã seguinte, Deus tenta de outro modo. Ele envia um verme para matar a vinha, e, quando Jonas protesta, pergunta de novo: "Fazes bem em agir assim por causa da aboboreira?". Ao que Jonas responde: "Faço bem que me revolte até a morte" (Jonas 4:9).

No fim das contas, temos *todos* raiva o bastante para morrer. E é sempre a raiva que nos mata. A lição de Jonas é muito simples: o que nos destrói é a crença na individualidade, e *só* nela. Não obstante todos os credos e catecismos, crer em Deus nada mais é que relaxar o imperativo da autoafirmação por tempo o bastante para perceber que o amor é a única realidade, um amor que, ao superar todas as demandas mesquinhas da existência pela individualidade, abraça *todos* os seres igualmente como seus filhos e filhas. Como Thomas Merton uma vez escreveu, sem dúvida parafraseando Julian de Norwich, "misericórdia por todos – tudo é misericórdia". Se chamamos essa misericórdia de Deus ou Vishnu ou a base universal do ser, não faz a menor diferença. Afirmar um desses em detrimento do outro é sempre escolher a raiva em detrimento do amor.

No entanto, não é a recusa de Jonas a amar os ninivitas a causa de sua doença espiritual. (Dado que somos criaturas com preferência, é inevitável amar a aboboreira e não o verme.) É mais sua falha em aceitar que todos os seres, em toda parte, são o objeto do amor *divino*. Todas as falhas morais são falhas em reconhecer essa única verdade simples. Nenhuma sabedoria humana se estende além disso, e qualquer coisa que não a alcance ainda não é sábia.

Nos capítulos finais do livro *The Loving Search for God: Contemplative Prayer and the Cloud of Unknowing*, o monge trapista William Meninger escreveu sobre sua prática de gastar vinte minutos todos os dias para rezar o Pai Nosso, demorando-se um pouco no significado de cada frase. "... o vosso reino" ... "Seja feita a vossa vontade"... "Assim na terra como no céu"... No começo Meninger conseguia completar a oração em vinte minutos, mas com o tempo isso deixou de ser possível. Por fim, ele não conseguia ir além das palavras de abertura, "Pai Nosso"...

Quando oramos para o nosso Pai, oramos juntos com todo homem, mulher e criança na face da terra (...) Isso significa que não podemos nunca excluir ninguém de nossa oração. Quando dizemos "Pai nosso", colocamos nossos braços em volta dos ombros de cada um dos filhos de Deus – sem excluir nenhum!

É fácil entender por que Meninger achou difícil ir além das palavras de abertura da oração – todo o ensinamento de Jesus está contido nelas. Esse ensinamento não é algo que podemos contornar ou ultrapassar para ir em direção a coisas maiores e melhores. Já é a maior e melhor coisa que há. No entanto, como é difícil para nós abraçar essa visão! Quantos de nós, ao rezar o Pai Nosso, podemos honestamente afirmar que abraçamos de verdade as primeiras palavras?

No fim, todas as falhas de crença ou prática são falhas em incluir todos os seres em nossa oração. Não podemos orar sem eles, pois, ao fazer isso, oramos não para Deus, mas para nós mesmos. Para Deus ser Deus, ele precisa ser o Deus de todos os seres em toda parte. Assim, no final Deus diz a Jonas: "Tiveste tu compaixão da aboboreira, na qual não trabalhaste, nem a fizeste crescer, que numa noite nasceu, e numa noite pereceu.

E não hei de ter compaixão da grande cidade de Nínive em que estão mais de cento e vinte mil homens que não sabem discernir entre a sua mão direita e a sua mão esquerda, e também muitos animais?" (Jonas 4:9-11).

Se Jonas tem uma resposta para Deus, a Bíblia não nos diz qual é, porque é aí que a história termina – com a visão de um mundo em que não temos o direito de ter raiva pela misericórdia que Deus oferece a nós todos.

Revolução

21. Jesus mostra uma flor

Olhai os lírios do campo, como eles crescem; e não trabalham nem fiam...
Mateus 6:28

Na parede central do alojamento para hóspedes do mosteiro em que morei na década de 80 havia um mural pintado pelo padre jesuíta japonês Maxima mostrando uma cena da lenda budista. Uma vez, quando os discípulos de Shakyamuni haviam se reunido no Pico dos Abutres para ouvir um sermão, ele ficou de pé no meio deles e, segurando uma única flor de modo que todos pudessem ver, girou-a entre o polegar e o indicador. Todos ficaram perplexos. Só Mahkashyapa, entre todos os seus discípulos, abriu um sorriso, indicando que havia compreendido a verdade final do budismo.

O mural do padre Maxima era um retrato fiel disso. No centro estava o Buda, segurando uma flor de lótus. Em volta dele estavam os monges e os animais, junto com os bodhisattvas, devas e outros seres celestiais que normalmente apareciam quando Sakyamuni dava um sermão. Mas Mahkashyapa não estava sorrindo – ao menos não parecia sorrir. A expressão se aproximava bem mais do horror.

Desnecessário dizer que eu achava isso perturbador. Sempre acreditei que o sorriso gentil que se vê nas faces da maioria das estátuas de Buda era para onde eu me dirigia estudando o zen. Não queria o tipo de sorriso que Mahkashyapa mostrava. Na verdade, tinha um pouco de medo dele. Quando chegava a minha vez de limpar o alojamento, eu sempre evitava o mural, trabalhando de costas para ele, e, quando algum visitante pedia para que a história fosse explicada, eu a recitava de cor, sem me demorar muito na parte sobre o sorriso. Mesmo assim, frequentemente ouvia alguém murmurar atrás de mim quando seguíamos em frente com o *tour*: "não parece muito com um sorriso para mim!".

Finalmente, perguntei ao abade sobre isso, mas tudo que ele disse foi: "O padre Maxima acertou".

Quando Jesus abre pela primeira vez sua boca para ensinar no Novo Testamento, fica imediatamente claro que "ele acerta", e, consequentemente, será uma jornada nada fácil. Porque, por mais amorosos e inclusivos que seus ensinamentos sejam, são completamente descomprometidos quando se trata das preocupações terrenas do indivíduo.

Em nenhum lugar isso é mais evidente que no sermão da montanha, quando ele aconselha seus discípulos a não se preocupar com as coisas que normalmente ocupam a mente das pessoas.

E por que vos inquietai com as vestes? Olhai os lírios do campo, como eles crescem; e não trabalham nem fiam. E eu vos digo que nem mesmo Salomão, em toda a sua glória, se vestiu como qualquer deles. Pois, se Deus assim veste a erva do campo, que hoje existe, e amanhã é lançada no forno, não vos vestirá muito mais a vós, homens de pouca fé?

(Mateus 6:28-30)

Na superfície, Jesus parece estar dizendo que devemos confiar em Deus para prover para nós em todos os momentos de nossa vida – se Deus cuida tão bem de todo o resto da natureza, com certeza cuidará de nós. Mas no coração desse ensinamento reside uma revelação bem mais radical, que, se verdadeiramente abraçada por nós, elimina completamente o sofrimento, porque remove a *causa* do sofrimento – porque volta ao momento em que, através de um ato de autoafirmação, começamos a nos ver separados de Deus.

O fato é que ninguém se sente capaz de viver como uma flor. As flores não pagam hipoteca pelos campos em que vivem, não têm de se preocupar com emprego, pensão, filhos ou saúde. Mesmo quando está quente e há muito tempo não chove, as flores nunca se preocupam. Nasceram sem preocupações terrenas, e vivem e morrem do mesmo modo. As flores estão à vontade no universo, mesmo sem pensar ou tentar. Com o passar dos séculos, testemunharam a queda de Troia, a morte de Jesus, a peste bubônica e a queda do *World Trade Center* – tudo sem perder uma só batida do pulso do universo. Suas atenções nunca se distraem, elas nunca se perdem no mundo. Nenhuma surpresa que sua aparência seja melhor que a de Salomão em todos os seus trajes mais finos. Vista-se elegante do jeito que você quiser – com Armani, Brooks Brothers ou Ralph Lauren –, e isso não muda nem por um instante o que você é por baixo: nu e receoso do que o próximo momento irá trazer.

Quando Jesus aponta os lírios do campo – flores que nascem num dia e morrem em outro e nunca saem da presença de Deus –, não está dizendo a seus discípulos para *viver* como elas (o que para a maioria seria impossível), mas que *são* como elas. Que, por mais que se preocupem, ou digam a si mesmos de um milhão e uma pequenas maneiras que não é assim, eles são um só com a criação. Como poderia ser de outro jeito?

Esse é o sentido da flor de Shakyamuni, e a razão pela qual no mural do padre Maxim Mahakashyapa fica boquiaberto de horror quando a vê. Ele fica sabendo imediatamente da falta de significado da personalidade individual e da falta de sentido de todo empreendimento e esforço humano em face da aniquilação final. Então por que no final da história Shakyamuni diz aos ali reunidos que "a mente da verdadeira iluminação eu agora passo a Mahakashyapa"? Poderia isso ser tudo o que há? Será que o que muitos cristãos falam sobre o budismo é verdade, que não é de forma alguma uma religião?

Não. O que Shakyamuni compreende é que a morte da individualidade é sempre seguida pelo nascimento de Deus. Ele mesmo vivenciou isso, portanto sabe que a iluminação de Mahakashyapa está assegurada. Tivesse o padre Maxima pintado Mahakashyapa em qualquer dia subsequente, mostraria o mesmo sorriso que o Buda apresenta, mas, sendo cristão, optou por registrar o momento *antes* daquele sorriso, o momento em que alcança o fim da individualidade separada. O sorriso é deixado para Deus.

A primeira coisa a perceber na jornada espiritual é que nós não nos causamos o ser. A segunda é que, durante o curso de nossas vidas – durem elas um dia ou um século –, somos apoiados por um poder além do indivíduo que toma a forma de tudo, da terra em que estamos à comida e à água, à luz do sol, ao próprio ar que respiramos. Não podemos viver nem por um só dia sem essas bênçãos, no entanto também não causamos a existência *delas*. Por último, precisamos saber que não podemos nos segurar quando caímos – que na morte temos de render a individualidade e tudo o que fizemos dela (ou falhamos em fazer), confiando tudo, inclusive todos os nossos pensamentos, aos braços amorosos de Deus. Mas realmente essa três percepções estão todas contidas numa flor. Olhe para a flor e você terá aprendido os ensinamentos completos do Buda. Considere os lírios, e você terá ouvido inteiro o sermão da montanha.

Compreender o verdadeiro significado da salvação é sofrer uma morte espiritual em que confrontamos o inevitável e inteiramente sem ornamentos fato de nossa mortalidade comum. É compreender, de uma vez por todas, que todos os seres, nós incluídos, são flores do campo, e não pode ser de outro jeito.

Por mais urgentemente que busquemos nos distinguir uns dos outros e do resto da natureza encontrando em nossa humanidade o pináculo de toda a criação, o mais simples e mais básico dos fatos existenciais é este: existimos no mesmo nível de todos os outros seres – no fim morremos a mesma morte do besouro ou da rosa.

A questão central da vida espiritual é esta: o que fica além da morte da individualidade? Como Jesus vê o viver como os lírios do campo sendo a culminação de nossa vida espiritual? Como isso nos redime? Como isso nos liberta? Como isso deixa nossos corações tranquilos?

A resposta da Bíblia a essas questões é o próprio Jesus, cujo nome significa literalmente "o Senhor salva". O nascimento de Jesus, sua vida e ensinamento e sua morte são a flor destacada por Deus para que todos possam ver. É por isso que durante séculos tantos místicos cristãos, bem como homens e mulheres comuns, dentro e fora da igreja, devotos e heréticos, chegaram a viver uma vida de paz com o nome de Jesus nos lábios. Jesus, cujo próprio nome significa "poder outro". Jesus, que encarna o ensinamento de confiar a um poder além do indivíduo. Nenhuma surpresa que cristãos devotos se recusem a vê-lo igualado a Thoreau, Gandhi e Martin Luther King, simplesmente como um grande líder espiritual. Mesmo a comparação com Buda na maioria das vezes os ofende, mas só porque ainda não entenderam que o próprio Buda é mais do que apenas um homem.

Então, como é que Jesus nos salva, nos liberta e deixa nossos corações tranquilos?

Para compreender a resposta a essas perguntas, primeiro precisamos compreender como Jesus *não* traz paz. Jesus *não* traz paz àqueles que usam seu nome apenas para afirmar a individualidade. Ele *não* traz paz àqueles que usam seu nome como marca de privilégio, ou o enfunam como uma bandeira a justificar a cobiça, a opressão ou a guerra. Também não tranquiliza os corações daqueles que o usam como passagem de primeira classe para o reino dos céus. Em suma, o nome de Jesus não traz paz a quem quer que o use para dizer o contrário – para dizer "eu salvo", ou "minha igreja salva", ou "meu comportamento moral salva". Nem deve ser necessário dizer que não traz paz à pessoa que diz "sou salvo por minha crença em Jesus em vez de em Alá, Buda, Vishnu ou no Tao".

"Eu sou o caminho, a verdade e a vida; ninguém vem ao Pai senão por mim", diz Jesus no Evangelho segundo João (14:6), mas com isso não quer dizer que as reivindicações muçulmanas, hindus, budistas ou mesmo judaicas pela verdade sejam inválidas. Como rabino judeu, Jesus devia ter familiaridade com o livro dos Provérbios, em que a Sabedoria, personificada por uma mulher, diz: "O Senhor me possuiu no princípio de seus caminhos, desde então, e antes de suas obras. Desde a eternidade fui ungida, desde o princípio, antes do começo da terra (...) o que me achar, achará a vida" (Provérbios 8:22-23, 35). Esse é o "eu" a que Jesus se refere, o mesmo "eu" que emprega antes, quando diz aos fariseus: "Antes de Abraão ser, eu sou!"

O que distinguia Jesus de outros pregadores judeus da época era que ele falava diretamente dessa sabedoria primordial como sua *encarnação*. "Ninguém vem ao Pai senão por mim", Jesus disse. E isso é absolutamente verdadeiro – ninguém jamais alcançou o Absoluto exceto seguindo a via da sabedoria transcendente. Buda a chamava *prajna*. Lao Tzu a chamava *Tao*. Curiosamente, na tradição zen, é conhecido pelo mesmo nome que Jesus usou: "o Caminho".

Jesus optou por encarnar a sabedoria, e ao fazê-lo ousou viver o que os outros apenas ensinavam. Ele compreendeu que no mundo todo só há um caminho, e todos nós estamos nele. Ninguém é deixado para trás.

Jesus não privilegia a si mesmo em detrimento de uma flor. Sua vida e morte, suas ações e seus ensinamentos, até seu próprio nome, atestam o fato de que Deus salva aqueles que não podem salvar a si mesmos. É por isso que Jesus mostra tanto amor pelo humilde e pelo discreto, por aqueles que, longe de estar convencidos da própria virtuosidade, estão profundamente conscientes dos limites de seu próprio poder, e mesmo de sua capacidade para o bem. O nome *Jesus* por si só é um testamento do que ele ensinou: que, no momento em que relaxamos das reivindicações da individualidade, mesmo por um instante, e confiamos em nós de forma tão simples quanto o lírio, descobrimos que o reino de Deus já veio. O momento de nudez imediatamente antes desse "confiar-se verdadeiro" é uma coisa profundamente aterrorizante, e não há pecado que nós seres humanos não cometamos para evitá-lo – mesmo em nome da religião. O momento depois é outro assunto. Um momento depois, estamos vestidos de novo, mas não numa folha de figueira ou no apressadamente reunido traje que usávamos antes. Deus nos veste com seu sorriso.

22. A pessoa má

Porque qualquer que a si mesmo se exalta será humilhado, e qualquer que a si mesmo se humilha será exaltado.

Lucas 10:14

Se há uma coisa como o inferno islâmico, então estou fadado a ele. Não digo isso frivolamente. Não estou falando ironicamente, como uma pessoa que de bom grado poderia ir tanto para o inferno islâmico quanto para o céu cristão, porque não acredita que nenhum dos dois é real. Não tenho conhecimento do que acontece após a morte. Creio no reino de Deus, que foi, é e será, mas não sei que forma ele toma no além – é um pensamento grande demais para mim. Deixo isso para Deus. Quanto ao inferno islâmico, todavia, de uma coisa eu tenho certeza. Se é real, estou destinado a ele – com tanta certeza quanto os terroristas islâmicos que destruíram o *World Trade Center* estão no inferno cristão (desde que este também seja real).

Essa é a conclusão a que finalmente cheguei na noite de 11 de setembro de 2001. Morei em Manhattan por dez anos, comemorei o jantar de Natal com minha família mais de uma vez no *Windows on the World*, e trabalhei no *World Trade Center* por um período, de modo que a sensação de perda foi visceral. Naquele dia, quando estava arrumando os brinquedos que as crianças haviam deixado no chão, encontrei uma pequena televisão de plástico que viera com a casa de bonecas de minha filha. Cobrindo a tela havia um decalque minúsculo mostrando a silhueta de Manhattan com as torres gêmeas ao centro. Fiquei ali com a pequena TV em minha mão pelo que deve ter sido cinco minutos antes de escondê-la no fundo de um das gavetas da cozinha. As crianças não iam dar pela falta dela com tudo o mais que estava acontecendo, e eu não queria que a vissem. Tinha sido duro até para mim olhar para ela.

Naquela noite, sem conseguir dormir, voltei para a cozinha e tirei a TV da gaveta. Levei-a para a sala de estar e coloquei aos pés da estátua medieval que fica sobre nossa lareira – uma estátua de Maria com a cabeça inclinada para o lado, olhando amorosamente para um pequeno objeto esférico na palma de sua mão. A mulher de quem eu a comprara anos antes me dissera que era o mundo. Foi então que aceitei meu lugar no inferno do Islã. Enquanto a Mãe de Deus segurava o mundo, eu podia confiar na maneira como as coisas se desenrolavam. Podia ir aonde quer que tivesse de ir. Se há alguém que contabiliza os pecados que cometemos uns contra os outros em nome da individualidade – seja "individualidade" em termos pessoais ou no sentido coletivo de país, religião ou tribo –, então estamos *todos* encrencados. Todo americano está encrencado, se não por outra razão, pelo fato de que os americanos consomem pelo menos 25% dos recursos do mundo, mas representam menos de 5% de sua população. Só que ninguém está imune a esse tipo de encrenca. Em geral, os pobres se saem um pouco melhor, tendo menos poder e portanto menos oportunidades de abusar dele. Mas os pobres têm pecados próprios para lidar, mesmo se a maioria deles vem do fato de serem pobres. Ninguém está imune.

No ano passado fui ao Japão me encontrar com a liderança da *Soka Gakkai International,* uma organização budista leiga com membros em todo o mundo. Um desses líderes, o homem encarregado de supervisionar as reuniões de estudo mensais dos doze milhões de membros da organização, contou-me sobre uma viagem que fizera no ano anterior para encontrar budistas europeus. "Mesmo eles não sendo mais judeus ou cristãos, tinham uma consciência tão poderosa do pecado original que era difícil conversar com eles sobre o budismo".

"Você disse a eles que o pecado original era o *karma*?", perguntei.

A conversa ficou muito mais interessante depois disso. Como muitos cristãos, ele sempre acreditara que o pecado original fosse uma espécie de maldição sob a qual as pessoas viviam, um estado de "queda" do qual era impossível se recuperar. Ele nunca considerara a possibilidade de que era a própria rede de causa e efeito em que todos os seres criados estão presos, e da qual nunca podem escapar enquanto estiverem vivos.

Karma, claro, significa apenas "ação". Mas, como ensinamento religioso comum de uma forma ou outra à maioria das religiões do mundo, significa algo mais próximo à lei da causa e efeito. É nossa conexão de um momento para o outro, ou – para colocar em termos ligeiramente mais informais – o fato de que uma coisa leva a outra... e a outra... e a outra, *ad infinitum.* Não há um ponto de partida definitivo para o *karma,* e não há fim à vista. Nascemos num mar de *karma* e partimos de um mar de *karma* que é bem mais vasto e complexo do que possamos imaginar, porque ninguém a não ser Deus pode vê-lo. Nunca sabemos o fim dele – não sabemos nem mesmo o *começo.* Assim, não podemos apontar alguma má ação e dizer "isso – e *só* isso – causou tal e tal série de consequências". E quanto a *antes*? O que causou *aquela* causa? Quando começamos a fazer esse tipo de pergunta, não há fim. Somos todos inter-relacionados, todos conectados das maneiras mais insondáveis e inesperadas por essa rede de "ações". Chamamos algumas ações de boas e outras de más, mas só Deus sabe como tudo se encaixa. A ciência pode nos ajudar a desvelar as leis de causa e efeito no que se relaciona ao mundo físico (ainda que de uma parte muito pequena em relação ao todo), mas quem pode sondar a verdadeira profundidade do bem ou do mal? Você não. Eu não. Ninguém pode.

Mas, então, como vivemos com essa noção de certo e errado com a qual parecemos ter nascido, o peso desse mal, ou do simples sofrimento, que parece pesar sobre o mundo com tamanha força que precisamos arranjar um nome especial para isso – o pecado original? Como enfrentamos o *karma*, nada além de *karma*, a perder de vista?

O próprio mundo é *karma*. Funciona de acordo com as leis do *karma*, e, como nele estamos, esse é o nome do jogo. Mas não há como ganhar esse jogo. Não há um conjunto de regras religiosas pelas quais podemos jogar com o objetivo de sair ganhando. Ganhando de *quê*? O eixo espiritual da existência não pode ser sair ganhando em detrimento de outros seres, prevalecer sobre eles ou ser melhores que eles ou – no caso de isso se mostrar impossível – simplesmente deixá-los de fora. Em todo o caso, o *karma* torna isso impossível. Estamos todos muito profundamente inter-relacionados para tanto. A única salvação verdadeira vem de reconhecer isso – que somos dados a existir por um poder além do individuo, um poder que permeia todas as coisas, agindo em tantas dimensões ao mesmo tempo que, com nossos sentidos limitados, nunca podemos nem mesmo começar a entender a coisa toda, muito menos puxar em nossa direção para ficar por cima. Para Deus não existe por cima ou por baixo. Seu amor não conhece nenhuma direção, boa ou má, para cima ou para baixo. Inventamos isso tudo nós mesmos.

O mais popular texto espiritual no Japão, amado tanto por cristãos quanto por budistas, é um tratado religioso escrito no século XIII pelo santo da terra pura Shinran chamado o *Tannisho*, ou "texto lamentando as heresias". Livrinho estranho, porque cada uma das "heresias" que aborda é, na realidade, algum aspecto da crença religiosa comum. Em outras palavras, o que ele considera heresia é o que as pessoas comuns chamam de religião.

O mais surpreendente exemplo vem no começo do capítulo 3: "Mesmo a pessoa boa alcança o nascimento na terra pura, e quão mais ainda o alcança a pessoa má". A primeira metade dessa expressão é bem fácil de compreender. Significa aquilo em que a maioria das pessoas crê: que a pessoa boa vai para o céu. E, claro, isso é absolutamente verdadeiro no sentido de que ela está salva. A pessoa que obedece às normas da religião estabelecida vivenciará uma salvação além de sua calculada barganha com Buda ou Deus, uma salvação que é necessariamente mais do que pretendia, porque em última instância sorve até seus esforços individuais de bondade, reduzindo-os à irrelevância no esquema maior das coisas. Mas então a segunda metade diz: "Quão mais ainda o alcança a pessoa *má*". Isso quer dizer que a pessoa que se descobre incapaz de viver uma vida boa ou moral a seus próprios olhos, e que precisa recorrer a Deus para sua libertação, é ainda *mais* salva? De forma alguma. *Ambas* são salvas. Só que a pessoa má – à qual falta a atitude ostensivamente virtuosa da piedade religiosa – talvez esteja em posição melhor para vivenciar uma graça tão radical. Afinal, é evidente que, se *ela* é salva, então a pessoa boa também deve ser. Por essa razão, no fim veio a ser dito que o ensinamento de Shinran consistia na crença de que Buda salva primeiro a pessoa má.

É o mesmo ensinamento oferecido por Jesus no Evangelho segundo Lucas:

Dois homens subiram ao templo, para orar; um, fariseu, e o outro, publicano. O fariseu, estando em pé, orava consigo desta maneira: Ó Deus, graças te dou porque não sou como os demais homens, roubadores, injustos e adúlteros; nem ainda como este publicano. Jejuo duas vezes na semana, e dou os dízimos de tudo quanto possuo. O publicano, porém, estando em pé, de longe, nem ainda queria levantar os olhos ao céu, mas batia no peito, dizendo: Ó Deus, tem misericórdia de mim, pecador! Digo-vos que este desceu justificado para sua casa, e não aquele; porque qualquer que a si mesmo se exalta será humilhado, e qualquer que a si mesmo se humilha será exaltado.

(Lucas 18:10-14)

Ao ler essa história, ficamos tentados a dizer que um é salvo, mas o outro, não. Só que o comentário final de Jesus denuncia essa mentira: a pessoa que exalta a si mesma (a pessoa "boa") será em última instância humilhada (tornar-se-á a pessoa "má"). E então ela também será exaltada por Deus.

Os esforços calculados mostrados pela "pessoa boa" constituem a maior parte da vida religiosa normal, que o *Tannisho* chama de "herética", e a ela me refiro como tribalismo ou crença-pela-metade. Funda-se na crença de podermos nos tornar os instrumentos de nossa salvação espiritual com base no que fazemos – que podemos controlá-la, ou que precisamos controlá-la. Baseia-se na crença de que o universo não é um bom lugar para estar. Para responder ao convite de Jesus de seguir o caminho, não é suficiente praticar nossa religião como um ato de bondade. Estritamente falando, atos bons são impossíveis, se por essa expressão queremos dizer atos que nos fazem dignos de sermos salvos. Desempenhamos as boas ações por elas mesmas, ou por nosso amor a Deus ou ao próximo, mas não para apressar-nos em nosso caminho para o reino dos céus. A água a caminho do oceano nada pode fazer para se tornar mais água do que já é. E não pode ir mais devagar ou mais rápido do que vai. A unicidade e a majestade de nosso oceano estão além de sua concepção e seu poder. Ainda assim, o próprio mundo é construído de forma que a água sempre acha seu caminho.

Mas como é difícil relaxar e simplesmente confiar nisso! O que a individualidade quer mais do que qualquer outra coisa é a garantia de sua própria libertação. Infelizmente, fica restrita a seus próprios recursos para imaginar o que isso pode necessitar, de modo que a principal ação da individualidade se torna a comparação. Fora os opostos como o bem e o mal, não há quadro de referência. Para a sua própria salvação existir, imagina que a salvação precisa ter um oposto. O oposto do céu é o inferno, o oposto da salvação, a danação, e a individualidade começa a imaginar uma situação em que se torna o objeto *especial* da salvação. Em outras palavras, começa a formular uma salvação própria, o que significa que o outro precisa ser condenado.

Esse é o fulcro do relato da Bíblia sobre a queda do homem. Adão e Eva já estão salvos no jardim. Vivem em harmonia com tudo o que há e estão diariamente na presença de Deus. Só quando a serpente aparece, esse símbolo da individualidade incipiente que Bíblia descreve como "o mais astuto de todos os animais dos campos que o Senhor Deus tinha formado" (Gênesis 3:1), começa a parecer que há algo faltando na experiência deles. Eles comem da árvore do conhecimento para ser "como Deuses" (tão sábios quanto e, presumivelmente, capazes de efetuar sua própria salvação especial), e pela primeira vez se percebem perdidos e solitários.

Não há objetos especiais da salvação. Essa é a essência do caminho do Buda, do caminho de Cristo, do caminho de Alá, e – falando nos termos mais amplos possíveis – o caminho da Vida. Todos estão salvos. Essa crença pode parecer herética para os judeus, cristãos e muçulmanos normais (até para alguns budistas normais), mas isso porque a religião normal é em si mesma uma forma de heresia. Tendo perdido há muito o espírito da revolução, desde então se tornou uma maneira de preservar nossas ideias sobre a individualidade.

Jesus nunca se cansava de apontar esse tipo de heresia. Uma vez ele contou a parábola do proprietário de terras que saiu cedo uma manhã para contratar trabalhadores para seu vinhedo. Ele ofereceu um dia de salário para os primeiros que contratou, e também para aqueles que contratou na terceira, sexta, nona e até na décima primeira hora. Todos receberam o salário de um dia, quer tivessem trabalhado doze horas ou apenas uma. Previsivelmente, aqueles que trabalharam o dia todo protestaram que não tinham recebido mais dos que os que tinham trabalhado só por uma hora – em outras palavras, reclamaram que não haviam ficado por cima. Mas o proprietário apenas respondeu: "É mau o teu olho porque eu sou bom?" (Mateus 20:15).

De fato, os olhos dos seres humanos *são* maus em comparação aos de Deus, que faz a chuva cair tanto sobre o perverso quanto sobre o justo, e de Buda, que "agarra, para nunca abandonar" todos os seres com a sua luz compassiva. O que poderia ser mais justo do que pagar o salário de um dia para qualquer parte de um dia de trabalho? Essas afirmações desafiam a lógica da mente calculista, é verdade, mas reconhecem a lógica mais profunda pela qual todos os seres compartilham igualmente da terra pura ou do reino dos céus, independente de qualquer condição que ocuparam nesta vida. O que poderia ser mais justo do que a salvação de todos os seres, independente de terem nascido ou não em condições de um estilo de vida religioso? No entanto, como lutamos contra essa lei universal. A pessoa que estuda numa tradição espiritual erudita como o judaísmo ortodoxo crê privadamente que alguém precisa ser erudito para ser salvo. A mulher que tomou Jesus como seu salvador pessoal mantém a verdade literal de sua afirmação "eu sou o caminho, e a verdade e a vida; ninguém vem ao Pai, senão por mim" (João 14:6). Os budistas *thervada* crêem que é preciso seguir as 250 regras da ordem monástica tradicional para ser iluminado. É triste pensar quanto sofrimento infligimos a nós mesmos e uns aos outros por causa dessa ilusão. No fim, sempre acabamos no inferno, em nosso próprio ou no de algum outro. Mas mesmo nisso não há razão para medo ou alarme. Pois "qualquer que a si mesmo se exalta será humilhado", diz Jesus, "e qualquer que a si mesmo se humilha será exaltado". Ao aceitarmos e crermos nisso, vivenciamos o verdadeiro significado da graça e do perdão. Por cima ou por baixo, bom ou mau – não há lugar onde possamos ir onde nós e todos os seres juntos lá não estejam no reino de Deus.

Naturalmente, isso significa que preciso fazer minha paz até com um terrorista muçulmano, e ele comigo. Não fazê-lo é optar pelo inferno um do outro – e esse não é o tipo de destino que possa ser evitado com violência. Encontramos o reino de Deus buscando juntos, ou não o encontramos. Fora essa busca e esse estar junto, não há reino a ser encontrado.

23. Perdido e achado

Que homem dentre vós, tendo cem ovelhas, e perdendo uma delas, não deixa no deserto as noventa e nove, e não vai atrás da perdida até que venha a achá-la?

Lucas 15:4

Quando os fariseus criticam Jesus por se associar com pecadores, ele responde com uma parábola que deixa claro que tipo de pessoa chega mais perto da experiência da misericórdia divina. É a ovelha perdida, a que se afasta do rebanho. O que a parábola não diz de imediato (porque é da natureza da parábola testar com seus mistérios a profundidade de nossa determinação espiritual) é que a "ovelha perdida" é precisamente o tipo de pessoa que Deus pode achar. Os outros estão muito ocupados achando-se a si mesmos ou um ao outro para permitir serem encontrados por Deus.

Quando analisamos com cuidado a parábola de Jesus, fica claro que os "noventa e nove" que são deixados no deserto pelo pastor estão tão perdidos quanto a que se afastou, mesmo não tendo conhecimento disso. Sua experiência da "segurança no número" dá a ilusão de ter sido achado, de modo que elas param de pedir ajuda. Mas, na verdade, a presença dos outros nada fez para mitigar o fato de que eles não têm ideia de onde realmente estão. Olham um para o outro para responder suas questões existenciais -- quanto a quem são e quem não são, o que significa viver uma vida boa e a natureza do bem e do mal. Mas as respostas que recebem uns dos outros nascem de um consenso, não de Deus, de modo que não são realmente respostas – ao menos não as respostas últimas. Estão tão perdidos agora quanto no momento em que nasceram.

Cada tradição religiosa fornece um contexto moral que literalmente emoldura a vida e lhe dá sentido contra o inconcebivelmente vasto pano de fundo do espaço e tempo astronômicos. Falando em termos práticos, é esse o seu propósito. Considere as duas forças que impulsionam o pensamento evangélico americano – o criacionismo e o milenarismo, tentativas de fixar um começo e um final no tempo. Tão forte é o impulso para colocar uma moldura significativa para a existência humana, localizá-la em relação a tudo o que é, que alguns autores cristãos publicaram explicações criacionistas da era dos dinossauros e da formação do *Grand Canyon*. Os secularistas podem criticá-los pelo que parecem atos de suicídio intelectual, mas não estão em melhor posição enquanto se recusam a reconhecer o mesmo impulso neles – o desejo irrefreável de criar uma moldura de referência que lhes dê a confiança de viver e agir significativamente no mundo. Se o cristão fundamentalista não que se sentir perdido no cosmos, o geólogo ou o biólogo evolucionista também não querem. *Ninguém* quer se sentir perdido – mesmo que esteja. Mas o único que pode nos achar é o próprio Deus. Deus nos diz quem somos, não a Bíblia, não a igreja, não a ciência, e certamente não outra pessoa. Só Deus sabe com certeza.

Todo ser humano nasce no mundo sem saber nada. Quando crescemos, tudo o que aprendemos nos é ensinado por outros seres humanos, que, como nós mesmos, nasceram no mundo nada sabendo. Se seguirmos essa linha de transmissão para trás longe o bastante, sempre ficaremos com as mãos vazias. A única coisa que detém esse deslizar para trás na eternidade é um Jesus ou um Buda ou um Maomé – e isso só porque eles são capazes de se dirigir a nós no mais profundo nível de nosso ser, fornecendo um lugar de apoio e repouso. Mesmo assim, somente se crermos.

Um caso narrado no livro de Stephen Hawking, *Uma breve história do tempo*, relata que o filósofo Bertrand Russel estava concluindo uma conferência pública sobre astronomia quando uma velha senhora se levantou no fundo da sala e disse: "Sr. Russel, o que o senhor nos disse é pura bobagem. O mundo é na realidade uma travessa plana apoiada nas costas de uma tartaruga gigante".

Quando as risadas cessaram, Russel perguntou, com um sorriso astuto: "Onde, diga-me por favor, Madame, está essa tartaruga?".

Mas a velha senhora não era páreo para ele. "O senhor é um jovem muito inteligente, sem dúvida", ela respondeu. "Mas não adianta – são tartarugas o caminho todo para baixo!"

Tendo a não acreditar que a velhinha em questão fosse realmente discípula de alguma cosmologia baseada em tartarugas. Em vez disso, ela devia estar se divertindo à custa de Russel. Ouvindo sua palestra sobre como a lua orbita em volta da terra, a terra orbita em torno do sol, e mesmo o sol orbita no centro da galáxia, ela deve ter sentido um prurido de impaciência com uma abordagem tão puramente científica sobre essas questões. Uma parte dela deve ter insistido: "É tudo bobagem. Apenas um fato em cima de outro, em cima de outro – somente respostas relativas para um mistério que em última instância vai além de qualquer compreensão". A palestra de Russel não era o bastante para ancorá-la no universo, não era emocionalmente poderosa o suficiente para se aproximar de algo como a crença. Então ela pensou no mito bem conhecido segundo o qual a terra fica sobre as costas de uma tartaruga gigante, e armou uma armadilha para o filósofo, que a considerou uma ignorante, quando de fato estava sendo apenas honesta. Suas explicações, por mais cuidadosamente organizadas, competentemente dadas e empiricamente verificáveis que fossem, não abordavam os tipos de questões últimas que todos nós, sem exceção, trazemos enterradas em nossos corações – as questões que Paul Gauguin escreveu à margem de sua pintura mais famosa: "Donde viemos? Quem somos? Para onde vamos?".

Deus encontra almas perdidas. Não é possível colocá-lo em termos mais claros do que isso. Ele encontrará um fundamentalista perdido tão facilmente quanto um neurocientista perdido. Mas primeiro eles têm de ficar perdidos – irremediável e irrecuperavelmente perdidos. E isso não é tão fácil para seres humanos.

O que significa estar perdido? Estar perdido é ter exaurido todos os planos e estratégias automotivadas para nos salvar, portanto, ter-se tornado inteiramente disponível para Deus. É por isso que os israelitas precisam vagar por quarenta anos no deserto antes que Deus possa conduzi-los à terra prometida. A distância propriamente dita não é maior que a de uma jornada de algumas semanas, mas para chegar lá precisam alcançar o ponto onde podem se deixar conduzir por Deus.

Numa manhã de sábado, há alguns anos, acordei cedo para ir fazer compras na feira de livros da biblioteca de Woodstock. Espiritualmente falando, se você tem pouco dinheiro e está tentando se encontrar, não há lugar melhor para começar. O depósito atrás do prédio principal da biblioteca continha, do chão ao teto, milhares de metros de estantes, isso sem contar as mesas com caixas e mais caixas sobre todos os assuntos imagináveis. O que quer que se pense sobre Woodstock como o nexo contracultural da década de 60, para bem e para o mal, somos uma cidade de leitores. Agora, como naquela época, a biblioteca pública é o centro espiritual e intelectual da cidade.

Ostensivamente, naquela manhã eu estava procurando aumentar minha coleção de livros espirituais, mas na realidade esperava me encontrar, ainda procurando o livro que de alguma forma me dissesse onde eu estava. Mas me desviei e não consegui chegar à biblioteca antes do meio-dia. A essa altura, num sábado de verão, os livros espirituais já tinham quase acabado. Só restavam os suspeitos de sempre – um exemplar bem usado de *As Man Tinketh*, de James Allen, *circa* 1933; uma brochura de *The Practice ofe the Presence of God*; uma dúzia ou mais de livros *new age* pouco interessantes; e doze Bíblias de proveniência variada, de Gideon a herança familiar. Foi dentro desta última, uma edição em couro em tamanho grande, que encontrei um verdadeiro tesouro. Inicialmente pareceu um panfleto muito fino, com cerca de nove por dezoito centímetros. Mas, quando o tirei de dentro da capa da Bíblia, percebi que era na verdade um livro – embora muito breve – costurado a mão e impresso em papel grosso de alta qualidade, obviamente confeccionado com muito zelo. Chamava-se *A Jornada*, e seu texto consistia em uma única página.

Três viajantes, não tendo mapa nem meta, perderam-se no caminho.
Disse o primeiro: "Mas eu estava seguindo uma estrela..."
Disse o segundo: "Mas eu estava seguindo uma estrada..."
Disse o terceiro: "Mas eu estava seguindo vocês. Pensei que vocês soubessem... Pensei que vocês soubessem..."

Havia uma única estrela impressa na capa e de novo na página de rosto, e no verso a inscrição "Little Press, Bayport, Christmas 1962", de modo que supus que os personagens da história deviam ser os Três Reis Magos da Bíblia, embora pela história em si não se pudesse dizer com certeza. Durante anos procurei o casal que o produziu – em Bayport, Maine, Bayport, Long Island, e toda Bayport em que consegui pensar –, mas nunca os encontrei. Assim, o livro permanece um mistério. Muito provavelmente, deve ter sido concebido como um cartão de Natal, cujos autores, a esta altura, possivelmente não estão mais vivos.

Paguei pelo livro (na realidade, as senhoras da biblioteca me deram de graça, porque não tinham troco para uma moeda de vinte e cinco centavos), e a partir daí o usei como marcador para minha Bíblia por quase sete anos. Então, um dia o procurei e ele simplesmente não estava mais lá. A essa altura, já tinha se tornado fazia tempo meu guia para ler a Bíblia. Mas não o tipo de guia que o reassegura, "sim, já passei por esse caminho antes – a verdade está logo depois daquela montanha ali mais adiante". Aquele guia dizia sempre: "Não olhe para mim. Não faço a menor ideia de onde estamos. Mas Deus irá encontrar um caminho".

Ficamos perdidos no momento em que abrimos a Bíblia. Com suas primeiríssimas palavras, a Bíblia parece exclamar "homem ao mar!". Deus, em sua misericórdia infinita, diz: "Faça-se a terra", e logo temos um lugar seco para ficar. Mas ainda não sabemos onde estamos. Mesmo quando a Bíblia segue adiante e parecemos ter achado um apoio, uma vez que nos são dados leis e códigos de comportamento, e nos é dito que a terra é nossa para nela viver, ainda estamos fundamentalmente perdidos. Durante seus anos de vagar pelos desertos do Sinai, o refrão constante dos israelitas é que eles desejam voltar para o Egito, onde, embora fossem escravos, ao menos vivenciavam alguma certeza. E repetidamente Moisés os convence a seguir adiante.

A jornada espiritual não pode se completada pela pessoa que conhece o caminho. Só Deus sabe como completar a jornada. Mas isso não nos impede de nos desviar do caminho por uma das muitas estratégias que temos de encontrar, poucas delas tendo qualquer coisa a ver com Deus.

Quando os fariseus o acusam de associar-se a pecadores, Jesus diz: "Não vim chamar os justos, mas sim os pecadores ao arrependimento" (Marcos 2;17). Noutro momento, ele fala de ovelhas perdidas. Hoje algumas igrejas cristãs consideram errado ser lésbica ou homossexual. Esses são os pecadores que eles acham que devem se arrepender e vir a Jesus, as ovelhas perdidas que precisam ser reformadas e trazidas de volta ao rebanho. Estão em seu direito ao achar isso. Mas supõem que são por isso menos perdidas? Supõem que a crença que a homossexualidade é um pecado irá de alguma forma salvá-los? De acordo com os ensinamentos de Jesus, é exatamente o contrário. O excluído, aquele que sofre a condenação da sociedade e é portanto "expulso de seu meio", ficará mais provavelmente ficar perdido e desamparado. Esse é exatamente o tipo de pessoa que Deus procura. Como Jesus, ele patrulha os arredores das comunidades convencidas de sua virtude moral, esperando exatamente aqueles que foram expulsos.

24. Perdão

Perdoai-nos as nossas dívidas, assim como nós também perdoamos aos nossos devedores.

Mateus 6:12

Quando deixei o mosteiro onde havia sido treinado, abandonando o hábito de monge e voltando à vida de leigo, o abade disse aos membros de templo onde eu havia sido sacerdote que eu estava indo para o inferno – o inferno *budista*. Diferentemente da versão cristã, não era eterno. Em algum momento você acaba saindo, transmigrando para um dos outros, possivelmente menos dolorosos, reinos. Mas era ruim o bastante. O "inferno do sofrimento incessante" é tão ruim quanto seu equivalente cristão, cheio de fogo, tortura, e privações infinitas – de luz, de amor, de qualquer coisa que seja boa. De modo que acho seguro afirmar que o que ele queria dizer era simplesmente o que a maioria das pessoas deseja quando diz "vá para o inferno!". Ele não tinha o que fazer comigo. Eu o traíra, e ele estava furioso – furioso o bastante para me excluir da compaixão universal do Buda. Furioso o bastante para me negar a graça de Deus.

Para ser justo, ele tinha suas razões. Eu também o excluíra. É verdade, não tinha dito a ele que ele estava indo para o inferno; meu respeito por ele como mestre, mesmo então, era tamanho que esse pensamento era virtualmente impossível. Mas eu tinha rejeitado seu estilo de vida, em sua opinião efetivamente negando tudo o que me havia sido ensinado. E eu o estava deixando. Simples assim. Tínhamos sido próximos como pai e filho – em alguns aspectos ainda mais próximos –, e agora dava as costas para tudo isso.

Na noite em que eu lhe disse que estava indo embora, ele me olhou com uma tristeza que eu nunca vira. Foi um momento completamente vulnerável, que eu só testemunhara uma ou duas vezes antes. Usualmente ele era uma presença extremamente imponente, o mestre zen japonês em cada centímetro – calmo, centrado e perfeitamente controlado, mesmo quando bravo. Mas naquele momento tudo isso desabou. Ele não me implorou para ficar ou reconsiderar, embora eu tenha ficado com a impressão de que o faria se tivesse achado que havia alguma chance de eu mudar de ideia. Em vez disso, ele disse, numa voz que era pouco mais que um sussurro: "Como você pode dizer isso?".

"*Estou* dizendo", respondi, porque eu tinha certeza a essa altura que nunca quisera ser um mestre zen, mesmo tendo passado toda a vida adulta batalhando nesse sentido. Sua dor e desapontamento nada significavam para mim na época – ou o fato de que ele já estava velho o bastante para se aposentar e teria de recomeçar todo o processo, treinando algum outro monge para fazer o seu serviço. Com tudo isso, ele foi extremamente gentil comigo durante os meses que seguiram. Só perdeu o controle no fim.

Alguns anos depois, eu estava casado e tinha filhos. Num retrospecto, isso era uma parte importante. Eu queria filhos de verdade, não os filhos espirituais que poderia ter como abade. Talvez tenha sido falha minha – não sei. Mas era real. Ter filhos me estabeleceu de um jeito que eu jamais ficara numa almofada de meditação. Se eu me conhecesse melhor então, talvez pudesse ter poupado todo mundo de um monte de infelicidade, eu mesmo incluído.

Quando finalmente voltei para visitá-lo após muitos anos, levei minha família comigo. Perdita vinha insistindo para eu voltar fazia muito tempo. Não que ela quisesse que eu voltasse a ser um monge, ou mesmo a praticar o zen budismo. Mas ela me conhecia o bastante para saber quanto pesava em minha consciência ter abandonado o homem que havia sido como um pai para mim. "Você não precisa fazer nada além de dizer olá e apresentar sua família, e se sentirá melhor", ela disse. Mas isso não estava inteiramente certo.

A visita foi desapontadora, para dizer o mínimo. Sentamos em almofadas em volta da mesa baixa de madeira na sala de reuniões do mosteiro, enquanto um jovem monge (mais ou menos da mesma idade que eu tinha na época em que vivi ali) nos servia chá e doces japoneses. Sophia devorou o dela, mal contendo o entusiasmo de uma menininha que havia sido convidada para tomar chá com a Rainha. Jonah cuspiu o dele depois de uma mordida e resmungou, pondo a cabeça sobre a mesa e imediatamente caindo no sono. Durante isso tudo o abade quase nada disse, conversando polida e irrelevantemente. Dava a sensação de que estava fazendo sala para amigos de um parente muito distante que ele não mais esperava ver. Depois, tudo o que Perdita pôde dizer foi: "Bem, não correu exatamente como eu havia planejado". E, se isso fosse tudo, eu teria de concordar. Porém, mais tarde naquele dia, algo aconteceu que mudou a minha opinião sobre o evento todo e me fez voltar a ver meu mestre de novo no ano seguinte. Na tarde em que voltamos do mosteiro, o telefone estava tocando quando entramos em casa. Larguei as malas e corri para a cozinha quando a secretária eletrônica estava atendendo. Era minha ex-mulher, com quem eu não falava fazia mais de quinze anos. Ela ligara para dizer que naquela manhã estivera arrumando o *closet* em sua casa no Tenessee e encontrou algumas pinturas a nanquim em estilo zen que eu fizera anos atrás. Eu gostaria de tê-las de volta?

Era demais. "Sim", finalmente respondi, quando me recuperei do choque de ouvir sua voz de novo. "Seria ótimo." Mas então ela chegou aonde queria. Não tinha certeza se mesmo ela sabia por que havia ligado até aquele momento, mas então ela disse simplesmente: "Você me perdoou?". Eu mal sabia o que dizer. É verdade, eu tinha ficado furioso quando nos separamos, mas tinha lá algum direito a ficar com raiva? Eu a abandonara para me tornar um monge. Pior ainda, casara-me com ela e vivera com ele – por nove anos ao todo, dos vinte aos trinta anos –, sabendo em meu coração que ia acabar abandonando-a para me tornar um monge. E eu a *amava*. Isso era o pior de tudo. Não tinha ideia do que eu supostamente teria a perdoar. Eu precisava do perdão dela muito mais do que ela do meu. Mas a perdoei assim mesmo, e ela me perdoou.

Foi isso que contei ao meu mestre quando voltei para vê-lo no ano seguinte, dessa vez sozinho. Ele ouviu a história inteira, depois disse: "Sim, lembro agora o quanto sua mulher ficou triste quando você a deixou. *Tão* triste. Mas agora ela o perdoou. E você a perdoou". Isso bastou. De algum modo, então despejei tudo. Eu causara tanta dor a *ela* e a *ele*, tudo porque era muito jovem e egoísta e autocentrado e não tinha a menor noção sobre quem eu realmente era. Eu lamentava tudo aquilo e precisava do perdão dele. Ele riu e disse algo no sentido de sermos *todos* muito mais jovens então e que erros haviam sido cometidos. Então, mais tarde naquela noite, falando para um grupo de cem pessoas ou mais, ele falou por quase uma hora sobre nosso encontro, embora sem mencionar meu nome. Falou sobre as maneiras insondáveis em que estamos todos conectados uns aos outros, sobre como o que às vezes parecia um nó de sofrimento era na realidade uma rede de linhas interconectadas invisíveis a olho nu, mas mesmo assim real – mais real do que o mundo que podíamos ver. Mude uma coisa, e todo o resto se desloca. Perdoe uma pessoa em sua vida, ou procure o perdão do outro, e não há como dizer onde iria terminar. Eu o conhecia bem o bastante para saber que essa era a sua maneira de me perdoar, e pedir meu perdão. Era tudo muito japonês, e tudo muito mestre zen, mas nem por isso menos completo ou sincero.

De acordo com Jesus, a mensagem revolucionária no coração dos evangelhos é apenas uma e uma só: o perdão dos pecados. Embora o Pai Nosso contenha outras petições – pela santificação do nome de Deus, pela vinda do reino, pelo pão de cada dia, e assim por diante –, quando Jesus o ofereceu a seus discípulos, foi sobre o perdão que falou depois, para deixar claro que, falando em termos práticos, esse era o ponto essencial da oração. "Porque, se perdoardes aos homens as suas ofensas, também vosso Pai celestial vos perdoará a vós; se, porém, não perdoardes aos homens as suas ofensas, também vosso Pai vos não perdoará as vossas ofensas" (Mateus 6:14-15). Pratique o perdão e o resto se resolverá, Jesus ensinou. Pratique o perdão, e o reino de Deus virá.

Mas precisamos *participar* do perdão para vivenciá-lo. Não podemos simplesmente pedir a graça a Deus e ficar nisso. Só nos tornamos tão bons quanto damos. Precisamos nos tornar um canal pelo qual o perdão pode fluir. Só então podemos estar em paz com o cosmos, vivenciando-o como o lugar fundamentalmente bom que Deus pretendeu que fosse.

O mundo, que nos parece impulsionado pelas forças das economias monetárias, o ciclo sem fim do diário dar-e-receber, é na verdade impulsionado por uma economia da graça cujos variados índices e portfólios não podem ser verificados de maneira comum. Não perdoamos os outros, mas recebemos o perdão de Deus, como pagamento pelos serviços prestados. Recebemos o perdão no *ato* do perdão. Não há causa e efeito nessa equação. O efeito é simultâneo. Não há intervalo de tempo. Em termos realistas, entretanto, pode ser necessário um longo tempo para aprender. Só porque repetimos as palavras da oração não significa que as compreendemos, muito menos que somos realmente capazes de fazer o que elas dizem. O peso do não perdoado em nossas vidas é tão maciço que fica diante de nós como uma montanha que nos impede ver do outro lado. Bloqueia nossa vista de tudo. Mas, por grande que seja, e por perto dela que estejamos com nossas reclamações sem fim contra Deus e nós mesmos, e uns aos outros, nem mesmo sabemos que ela está lá. Simplesmente continuamos vivendo a sua sombra, fazendo o melhor que podemos. Ocasionalmente conseguimos um pouco de luz do sol para nos consolar ou inspirar, mas a maior parte do tempo parece não haver nada que possamos fazer para tirála do caminho. "Até se a esta montanha disserdes: Ergue-te, e precipita-te no mar, assim será feito" (Mateus 21:21). Mas antes precisamos saber que ela está lá.

A essência do Pai Nosso é que nós sentimos perdoados quando perdoamos. É a percepção de que podemos orar por todo mundo, que podemos incluir todo mundo no céu – mesmo nossos inimigos –, e, ao fazê-lo, chegamos lá também.

25. Um novo nascimento

Perguntou-lhe Nicodemos: Como pode um homem nascer, sendo velho? Pode, porventura, tornar a entrar no ventre de sua mãe, e nascer?

(João 3:4)

Nicodemos, "governante dos judeus", uma vez foi visitar Jesus clandestinamente à noite. Membro do conselho de Jerusalém, ele representava a religião oficial da época, com a autoridade moral de suas leis e costumes à sua disposição, e a força de seu poder político e econômico. Então, por que ele achou necessário visitar o rabino renegado da Galiléia? E no meio da noite, ainda por cima. O que o mantinha acordado até tão tarde? O que o fez arriscar a censura de seus pares? Por que não preferiu manter-se seguro na virtude de sua sensibilidade religiosa? Por que não deixou o assunto em paz?

Aparentemente, porque não conseguiu. Os ensinamentos de Jesus, disseminados boca a boca até a grande cidade de Jerusalém estar incendiada por eles, haviam deixado Nicodemos num estado de dúvida profunda. Ele tinha descoberto algo sobre si mesmo de que sempre suspeitara, mas que nunca tivera a coragem de confessar para ninguém. Era um crente-pela-metade. Nicodemos, o homem respeitado como autoridade religiosa da época, não sabia o significava realmente acreditar em Deus.

"Rabino, bem sabemos que és Mestre, vindo de Deus", Nicodemos começa, "porque ninguém pode fazer estes sinais que tu fazes, se Deus não for com ele" (João 3:2). Não é exatamente uma pergunta. Tampouco é uma afirmação. Muito mais, uma confissão disfarçada. Porque o que Nicodemos quer dizer é simplesmente isto: "Achei que falava por Deus, que estava fazendo a sua vontade ao seguir a letra da lei e ensinar os outros a fazer o mesmo, mas quando eu o ouço, rabino, percebo que não falo por Deus e nunca falei. Não sei mais o que é a minha religião. Não sei o que ela significa". Ou, de qualquer modo, é isso o que Jesus *ouve* – não as palavras dos lábios de Nicodemos, mas o sentido de seu coração. É por isso que ele responde deste modo: "Em verdade, em verdade vos digo que aquele que não nascer de novo não pode ver o reino de Deus" (João 3:3).

Quando Jesus falou sobre nascer de novo, isso ainda não era uma expressão cristã. Jesus era judeu, e foi como judeu que falou com Nicodemos – de um judeu para outro. Falar em nascer de novo era na época uma ideia judaica radical, e tanto Jesus quanto Nicodemos sabiam o que estava em jogo ao considerá-la juntos. Nicodemos, o sumo sacerdote, representava as tradições e leis do judaísmo institucional, e todo o poder, prestígio e posses que acompanhavam seu estatuto sacerdotal. Representava o que as pessoas já tinham, o que já sabiam e aquilo em que já acreditavam, e era sua responsabilidade proteger tudo isso. Jesus, por outro lado, encarnava o impulso profético no judaísmo. O propósito de sua pregação não era apoiar o exterior da lei, mas encontrar o espírito dessa lei, libertá-la e permitir que reentrasse nas vidas das pessoas comuns através da experiência que ele chamou de "nascer de novo".

Nascido de novo...

A Nova Versão *Standard* Revisada traduz as palavras "nascido do alto", deixando claro que a experiência vem a nós *verticalmente*, diretamente de Deus, em vez de *lateralmente*, através da mediação da prática religiosa ou crença doutrinal.

Os primeiros cristãos (em sua maioria judeus) vivenciavam o nascer de novo como um nascer fora de sua linha cultural e histórica existente, e para um estado existencial muito mais fluido, no qual a observância religiosa era em grande medida improvisada e seu estatuto como cristãos os colocava contra a norma prevalente. De fato, podiam ser mortos por isso. Assim, a um aspirante a discípulo que declara a Jesus que irá segui-lo para onde for, Jesus adverte: "As raposas têm covis, e as aves do céu, ninhos, mas o Filho do homem não tem onde reclinar a cabeça" (Lucas 9:58).

Na verdade, Jesus apresenta uma visão muito diferente da conversão em relação àquela que encontramos na maioria dos círculos religiosos, nos quais tendemos a renascer *dentro* de contextos religiosos em vez de *fora* deles, e nos quais os convertidos mais provavelmente encontrarão a segurança no número e o apoio político que acompanha ser integrante de qualquer que seja a denominação religiosa monolítica a que pertencem. Quanto ao verdadeiro significado da conversão, Jesus é inequívoco. Confrontando a mentalidade exclusivista encorajada pelas religiões institucionais, na sua época e agora, ele requer a reorganização radical de nossas lealdades para o mundo, na qual as afiliações tribais tradicionais são superadas por um conjunto muito mais amplo e profundo de responsabilidades espirituais e preocupações sociais. Assim, ele diz: "Se alguém vem a mim e não odeia seu pai, sua mãe, sua mulher, seus filhos, seus irmãos, suas irmãs e até a sua própria vida, não pode ser meu discípulo" (Lucas 14:26).

Pode Jesus ter querido dizer com isso que invalidava o mandamento de honrar pai e mãe? Não se compreendermos sua real intenção. Seu problema é não com a família em si ou com o grupo social maior, um pouco menos coesivo que chamamos de cidade ou pai, mas com o paroquialismo mesquinho que resulta do fato de as lealdades tribais serem vistas como um fim em si mesmas, descartando princípios de justiça, decência comum e simples amor fraternal.

Uma vez, a mãe de Jesus e seus irmãos foram visitá-lo numa cidade onde ele pregava, próxima do mar. O conteúdo de seu evangelho social, tão radical pelos padrões do primeiro século quanto é hoje, já havia começado a despertar a atenção das autoridades. Presumivelmente, elas estavam preocupadas com a segurança dele e queriam levá-lo de volta para casa. Mas, quando a multidão lhe diz que sua mãe e irmãos estão esperando para vê-lo, Jesus apenas olha em volta para as pessoas ali reunidas e diz: "Eis aqui minha mãe e meus irmãos" (Marcos 3:34). De modo que, se as palavras de Jesus vão contra o retorno nostálgico, quase patriótico aos costumes e normas culturais de antigamente que hoje às vezes se chama de "valores familiares", ele mesmo assim defende o verdadeiro valor da família, estendendo sua mensagem de amor e proteção para todos os outros no mundo. Mesmo a linguagem que ele usa reflete essa verdade. Seu Deus é um pai amoroso, e todos os homens são seus irmãos.

Esse é o novo nascimento de que Jesus fala, no qual nos descobrimos unidos do alto por um Pai único, uma fonte universal de amor que se espalha sobre nós como o céu do deserto. Como o céu, essa experiência acontece em todos os lugares, sem exceção. E como o céu, pode acontecer a qualquer um – conservador, progressista, carismático, evangélico, humanista secular ou fundamentalista. Ninguém é dono do céu. Pode acontecer a um hindu... e ele não precisa deixar de ser hindu. Pode acontecer a um judeu... e ele não precisa deixar de ser judeu.

Na prática, todavia, a universalidade dessa experiência de nascer de novo com frequência se perde após o fato. Parece que há um inevitável impulso humano de colocar essa experiência dentro de uma caixa, tentar preservá-la ou protegê-la, contê-la dentro de um conjunto de ideias ou princípios que podemos controlar e compreender. Mas esse impulso sempre tem o efeito de reduzir seu alcance e poder no fim, rebaixando-a à escala da vida tribal comum. De modo que temos de fazer a nós mesmos uma pergunta simples: em que tipo de mundo nascemos quando nascemos de novo? Renascemos meramente na caixa de sapatos estreita de nossos preconceitos e crenças culturalmente condicionados? Ou renascemos *fora* disso tudo, e *para* um tipo de realidade verdadeiramente diferente? Nascer de novo é um assunto único, uma experiência que nega tudo o que veio antes e sanciona tudo o que vem depois, ou é algo que acontece conosco repetidamente, um constante renovar da vida através do evangelho do perdão e amor universais?

Você alguma vez já prendeu a respiração para ver por quanto tempo consegue manter o ar dentro dos pulmões? Qual é o tempo máximo? Um minuto? Talvez dois? Rapidamente o ar se torna vazio. Ainda assim, isso não representa problema para nós. Assim que soltamos o ar que prendemos, inspiramos mais... e mais, e mais. Então, nunca nos importamos em prender a respiração. A respiração é o "conhecimento", inteiramente visceral, de que não temos de segurar o ar porque, mesmo que ele vá e venha a todo momento, está sempre ali. Do mesmo modo, nascer de novo do alto traz consigo o "conhecimento" de que não temos de conhecer nada. "Naquele momento ser-vos-á inspirado o que haveis de dizer" (Mateus 10:19), diz Jesus a seus discípulos. A respiração do espírito está continuamente chegando e partindo –, mas está sempre, *sempre* lá. Não somos um recipiente para esse espírito – não somos seu continente, protetor ou mestre. Abraçamos o espírito como um canal aberto, ou não o abraçamos de forma alguma. Capture o vento e ele deixa de ser vento. Coloque-o dentro de uma caixa, e ele imediatamente se torna nada além de ar vazio.

Para nascer de novo da maneira continuada, aberta, que Jesus defende, precisamos começar reconhecendo a nós mesmos, como

Nicodemos. Como ele, chegamos à vida espiritual com nosso Deus-em-uma-caixa – ou seja, com um Deus muito pequeno, de mente muito estreita, que podemos carregar conosco para onde quer que formos e cuja vontade podemos portanto controlar. Ocasionalmente, o tiramos da caixa – quando o desastre, a alegria, o amor inesperado acontecem –, mas a maior parte do tempo nos contentamos em deixá-lo onde está. Ainda assim, como Nicodemos, temos a sensação de que algo está faltando. Então, um dia, de algum lugar, chega até nós a notícia de outro Deus, um Deus que se espalha sobre nós como o céu, um Deus cujo espírito corre como o vento, varrendo para longe a poeira coletiva da religião calcificada, dando-nos a sensação de ter nascido de novo. Quando ouvimos notícias desse Deus, naturalmente queremos procurá-lo. No entanto, não temos alternativa a não ser seguir como somos, com o Deus pequeno, de mente estreita, de nossa imaginação levado em segredo debaixo do braço.

É assim que somos feitos, e é infinitamente perdoável, desde que estejamos dispostos a entregar esse pequeno Deus para o Deus único uma vez que o vento do espírito começar a soprar.

É isso, acredito, o que acontece com Nicodemos. "Como pode um homem nascer sendo velho?", ele pergunta, e Jesus responde: "O vento sopra onde quer; ouves-lhe o ruído, mas não sabes de onde vem, nem para onde vai. Assim acontece com aquele que nasceu do Espírito" (João 3:8). Em outras palavras, é uma experiência que vem a nós de muito além de nós mesmos. Quando isso acontece, saberemos com um conhecimento tão natural quanto é inspirar e expirar. Porque, uma vez que a caixa é aberta, o reino dos céus não tem alternativa a não ser aparecer.

26. O centro moral

Como eles insistissem, ergueu-se e disse-lhes: Quem de vós estiver sem pecado, seja o primeiro a lhe atirar uma pedra.

João 8:7

No Evangelho de João, pedem a Jesus que decida o destino de uma mulher infiel. Os escribas e fariseus a levaram para os degraus do templo onde Jesus está pregando numa manhã. "Mestre, agora mesmo esta mulher foi apanhada em adultério", proclamam eles. "Moisés mandou-nos na lei que apedrejássemos tais mulheres. Que dizes tu a isso?" (João 8:4-5)

É uma armadilha esperta. Se Jesus lhes diz para a deixarem ir em liberdade, viola a letra da lei judaica. Se diz que a apedrejem, trai o seu espírito. Confrontado com uma escolha impossível, Jesus sabiamente nada diz. Em vez disso, ele se inclina e começa a escrever no chão com o dedo.

Os acusadores da mulher perguntam de novo: "Mas o que tu dizes?". Como eles insistem, ergue-se e lhes diz: "Quem de vós estiver sem pecado, seja o primeiro a lhe atirar uma pedra" (João 8:9). O resto nós sabemos. "A essas palavras, sentindo-se acusados pela sua própria consciência, eles se foram retirando um por um, até o último, a começar pelos mais idosos, de modo que Jesus ficou sozinho, com a mulher diante dele" (João 8:9). Uma história notável em todos os sentidos. A mulher desafortunada. O mestre. A armadilha insidiosa. E no último momento possível a "palavra que tudo muda", com a qual a mulher é libertada e aqueles que a acusaram são obrigados a ver em primeira mão que o que a Bíblia chama de "a lei" não pode ser lido da periferia de seus seres – do ponto de vista de suas mesquinhas fobias, preferências e preconceitos socialmente condicionados –, mas apenas do centro moral de suas vidas.

Qual é o centro moral que Jesus encontra quando se inclina para escrever com o dedo na poeira, de modo que, quando se levanta de novo para confrontar os acusadores da mulher, fala com a voz da autoridade moral? E o que ele escreve no chão, se é que escreve alguma coisa?

Os comentários tradicionais oferecem explicações variadas para isso, o único momento na Bíblia em que se diz que Jesus escreve alguma coisa. Alguns sustentam que ele estava escrevendo os mandamentos. Outros, os nomes dos acusadores da mulher. E ainda outros que, ao lado desses nomes, ele está escrevendo seus pecados. Mas na realidade pode ser qualquer coisa. A Bíblia não diz. Não é *o que* Jesus escreve o importante, mas ter sido *escrito no chão.*

A terra é de onde viemos, o lugar onde vivemos e respiramos enquanto estamos vivos, e para onde retornamos quando morremos. Assim, toda a vida humana está escrita no chão. "Porque és pó", Deus diz a Adão, "ao pó retornarás" (Gênesis 3:19). Gostaríamos de ter uma opinião melhor sobre nós mesmos, mas é a verdade nua e crua. Somos pó. Só quando esquecemos disso perdemos nosso centro, e junto com ele a compaixão pelos outros, que é a base de todos os atos verdadeiramente morais. Mas, claro, isso acontece o tempo todo. Agir de acordo com nosso centro moral é para a maioria de nós a exceção, não a regra.

O mestre da terra pura Shuichi Maida uma vez escreveu que "a pessoa má" – a que está em contato com sua mortalidade e, portanto, também com seu centro moral – não pode nem mesmo alegar o direito de existir. "A pessoa má pode igualmente ser aniquilada. Ela é exatamente como a folha levada pelos ventos secos do outono". E, no entanto, é essa própria "natureza de folha", ele insiste, que nos permite sorrir apesar da incerteza da existência. A pessoa que não alegar o direito de existir não tem opção a não ser sorrir, escreveu Maida. Somente um sorriso expressa a liberdade que sentimos ao nos confiarmos, folha ao vento, ao poder além do indivíduo.

O próprio Jesus nunca se afasta dessa consciência, e assim o centro moral nunca está mais longe do que o pó sob seus pés. Ele se inclina para tocá-lo e imediatamente sabe o que dizer. "Aquele que não tiver pecado que atire a primeira pedra." Ele compreendeu que podemos negar o perdão a alguém só quando esquecemos que o perdão é a coisa que mais precisamos para nós mesmos. Lembrar disso é encontrar nosso centro moral. Esquecer disso é dar com o que há de pior na natureza humana.

No fim da Segunda Guerra Mundial, quando as forças aliadas criaram um tribunal para julgar os crimes contra a humanidade, um psiquiatra do exército que falava alemão chamado Gustave Gilbert foi designado para avaliar a sanidade mental dos réus, monitorando-os quanto a comportamentos suicidas durante todo o julgamento. Para tanto, a Gilbert foi concedido livre acesso à elite da liderança nazista que havia sido responsável pelas piores atrocidades do holocausto. Contemplando a questão que vinha primeiro à mente de todos – a saber, como pessoas aparentemente tão inteligentes e cultas poderiam ter cometido atos de inimaginável crueldade contra outros seres humanos –, ele finalmente concluiu que foi devido à falta de empatia. Essa era a única característica de personalidade que todos os réus tinham em comum: uma inabilidade genuína de se colocar no lugar de seus semelhantes. "O mal, eu acredito, é a ausência de empatia", disse Gilbert.

A consciência de que somos sustentados por um poder além do individuo, de que não somos responsáveis por nossa existência e não podemos preservar nossas vidas sozinhos sem ter as bênçãos a nós concedidas em cada momento de cada dia – por aqueles que produzem a comida que nos alimenta, por aqueles que nos protegem da dor e do mal, pelo próprio ar que respiramos –, essa consciência por si só é a base para a empatia. O poder do outro é o fundamento moral de nossas vidas. Falar sobre o bem e o mal sem levar em conta um poder além do indivíduo é incitar os mais profundos lapsos morais de que os seres humanos são capazes – do holocausto ao aquecimento global. Não podemos nos arriscar a falar do bem e do mal a menos que antes falemos de Deus.

Durante a ascensão do fascismo alemão (e seu equivalente no Japão), um sacerdote da terra pura chamado Ishin Yoshimoto estava desenvolvendo uma forma de psicoterapia chamada Nakan, ou auto-reflexão. Homem de negócios, Yoshimoto estava acostumado a encarar o comportamento humano em termos de comércio: a troca de dinheiro por bens e serviços, que é o que forma a base de qualquer economia. Yoshimoto chegou à conclusão de que a gratidão – a percepção de que recebemos do mundo e dos outros bem mais do que jamais poderemos pagar de volta – era a base de toda a moralidade humana, portanto o real segredo da felicidade. E a gratidão vem de uma clara compreensão do poder outro atuando em nossas vidas.

Para cultivar essa compreensão, Yoshimoto concebeu um tratamento baseado em três perguntas simples:

O que eu recebi?

O que eu dei?

Que problemas e dificuldades causei?

Ele acreditava que devíamos fazer essas três perguntas, começando pelo centro, dirigindo-as às primeiras pessoas significativas em nossa vida: nossa mãe e nosso pai. A partir daí poderíamos aplicá-las a uma variedade de "outros significativos" – um irmão ou um esposo, um amigo, um professor ou um vizinho. Por fim, poderíamos aplicá-las a tudo e todos em nossas vidas. Em última instância, poderíamos aplicar essas mesmas três questões à própria terra. O que recebemos da terra? O que demos? Que problemas causamos? Alguns psicólogos ocidentais expressaram preocupação quanto aos métodos de Yoshimoto, sugerindo que poderiam engendrar uma mórbida sensação de culpa. Tivessem-nos levado a sua conclusão natural, todavia, eles teriam descoberto a alegria da rendição que vem de perceber que nossas vidas ficam bem no centro de um campo de bênção que jamais poderemos retribuir, e muito menos merecer. É verdade, essa experiência cria humildade, mas essa humildade também resulta em alegria. E a alegria – nascida do ato de não dar importância a si mesmo – torna-se a base de toda ação moral no mundo. Uma vez que obtemos essa alegria, não conseguimos imaginar tirá-la do outro, ou tirar o potencial dela para aqueles que estão oprimidos, tiranizados ou solitários. Enfim, isso é a coisa mais notável na história de Jesus e da mulher adúltera. A nós é dito que aqueles que ouviram as palavras dele, "sendo condenados por sua própria consciência, foram embora um a um". Mas não nos é dito o que aconteceu a eles depois. Talvez tenham entrado em sua própria versão do primeiro século de um grupo fascista. Ou talvez não. Não é possível que alguns, ao menos, tenham recebido suas palavras profundamente no coração?

Por mais que dermos, não podemos retribuir o que foi pago nem mesmo por um segundo. Esse conhecimento é a base para a gratidão, portanto para a dimensão moral da vida. A moralidade ostensivamente virtuosa, ou seja, a moralidade sem a gratidão, é, em contraste, uma espécie de inferno em vida. Não há misericórdia no inferno; apenas punição. Assim, às vezes podemos nos sentir tentados a dizer: "Eu mereço sofrer menos na vida, enquanto meu vizinho merece sofrer mais", poucos de nós estão dispostos a confrontar a bem mais profunda, e mais óbvia, verdade de que nenhum de nós fez nada, nada mesmo, para merecer o incomparável dom da vida. E o recebemos por inteiro.

27. O buraco da agulha

É mais fácil um camelo passar pelo buraco de uma agulha que um homem rico entrar no reino de Deus.

Marcos 10:25

Um dia, não muito depois que me tornei sacerdote no templo zen em Manhattan, recebi uma ligação de meu mestre, o abade, me dizendo para colocar rapidamente meu hábito e encontrá-lo num endereço no meio de Manhattan. "Apresse-se", ele acrescentou antes de desligar o telefone, "e traga o incenso especial". Eu não gostava de usar meu hábito de monge nas ruas, mas fiz como tinha sido instruído. Fui deixado por um táxi, alguns minutos depois, em frente a um prédio de apartamentos chique onde o abade me encontrou no *hall*. "O que passa?", perguntei enquanto entrávamos no elevador, mas ele apenas me respondeu que uma grande amiga do templo havia morrido. Nesse caso eu não podia entender por que a pressa, mas mantive esse pensamento para mim mesmo. Um momento depois éramos convidados a entrar num luxuoso apartamento por uma mulher de meia-idade, e depois em um quarto cujas paredes eram cobertas com as mais extraordinárias tapeçarias e colchas bordadas. Ali, no meio daquilo tudo, jazia na cama o corpo da mulher que, como depois soube, as tinha feito.

Sua cabeça estava inclinada para trás como se estivesse olhando para algo bem em cima e um pouco atrás dela, seu cabelo grisalho comprido no travesseiro, a boca aberta e redonda com a forma de um tigela perfeita. Compreendi no mesmo instante o motivo da pressa. Não era por essa mulher. Era por minha causa. O abade, que poderia ter ido sozinho, havia me trazido para que eu pudesse testemunhar o que os budistas chamam de "nascimento na terra pura". Cinco minutos depois, já teria acabado. O que quer que Jesus tenha dito sobre ser difícil para aqueles com riquezas entrar no reino de Deus, esta era com certeza uma exceção. Fiquei ali por muito tempo, mal tomando consciência das palavras do sutra budista que eu entoava com meu mestre, enquanto a fumaça se espiralava para cima dos compridos bastões de incenso que segurávamos em nossas mãos. Subitamente, o buraco da agulha não pareceu tão pequeno como eu sempre achara. A alma daquela mulher havia acabado de passar por ele. Seu corpo era um arco ainda vibrando de onde a flecha tinha voado.

Naquele instante eu nada sabia sobre Milly Johnstone além disso. Depois, combinamos um serviço no templo e partimos. Por um tempo fiquei sem palavras. Enfim, fiz a pergunta óbvia: "Quem *era* aquela mulher?". E o abade respondeu que era uma estudante muito especial do dharma budista. O fato de ela e o marido terem levantado muito dinheiro para ajudar o templo era, embora importante por si só, apenas a ponta do *iceberg*. Ele imaginava que eu viria possivelmente a saber mais sobre ela nos próximos meses.

Eu não fazia ideia do que ele estava falando, mas uma semana depois me vi falando ao telefone com várias pessoas que a tinham conhecido como amiga, professora ou estudante, e gradativamente comecei a ter uma noção sobre sua vida. Entre essas pessoas, um mestre de uma famosa escola japonesa de chá em Nova York me contou uma história notável.

Milly descobrira a cerimônia do chá na década de 60, quando o zen budismo estava começando a ficar popular no ocidente, e dedicou muitos anos para dominar os rituais elaborados de sua disciplina arcana. No Japão, o *Cha-do*, o Caminho do Chá, foi transmitido de uma geração a outra como uma forma secular de espiritualidade tradicionalmente favorecida pela elite religiosa e política.

Uma vez, quando Milly realizava a cerimônia do chá para um grupo de delegados das Nações Unidas, cometeu um aparentemente imperdoável lapso de etiqueta. Assim que os convidados se sentaram no tatame, Milly levantou-se de sua posição defronte à chaleira de ferro e pediu licença para sair da sala, sem explicações. Na realidade, ela saiu do apartamento, deixando seus convidados sozinhos. No momento anterior, alguns operários da construção no prédio ao lado haviam começado um trabalho de demolição no andar bem em frente à sala do chá, fazendo um barulho enorme. Um mestre do chá menos formidável teria provavelmente fechado as cortinas e continuado a realizar a cerimônia normalmente, deixando os convidados maravilhados com seu controle e concentração sob pressão. Mas não Milly. Alguns minutos depois, ela entrou de volta na sala de chá seguida por meia dúzia de homens cobertos de pó, cada um carregando respeitosamente seu capacete sob o braço. Sentaram-se no chão ao lado dos delegados da ONU, e todos tomaram chá juntos. Os operários da construção, desconhecendo a natureza do ritual para o qual haviam sido convidados, ficaram mesmo assim encantados com a americana de quimono que insistira polidamente, mas com firmeza, que eles participassem da cerimônia em vez de perturbá-la. Os delegados japoneses devem ter se dado conta de que, num só gesto, Milly Johnstone atravessara quatro séculos de tradição para deixar à vista o coração de uma cerimônia cujo significado a maioria das pessoas tinha há muito esquecido: abarcar todas as coisas e todas as pessoas numa única xícara de chá.

Mas, claro, isso não acontece por si só, e é por isso que Jesus disse ser difícil para uma pessoa rica – a pessoa que dá excessiva importância a si mesmo – entrar no reino dos céus. No caso de Milly, o chamado para esse reino veio de maneira bizarra e trágica. Um dia, na propriedade em que ela morava com seu primeiro marido, um lobo escapou do zoológico particular que mantinham e matou seu filho de quatro anos. O evento abalou-a de uma forma que só uma tragédia verdadeiramente inexplicável consegue, depois disso, ela não teve alternativa a não ser embarcar numa jornada. No caso de Milly a jornada teve um bom respaldo financeiro, e ela teve a oportunidade de visitar outros países e conhecer muitos mestres consumados. Mas não foi menos árdua ou dolorosa para completar, a riqueza afetando apenas a forma que tomou essa jornada e não a sua substância. Por fim, ela encontrou o zen-budismo e a cerimônia do chá, e ali encontrou seu lar. Ali e nas extraordinárias tapeçarias bordadas pelas quais ela é famosa.

A imagem do lobo aparece com frequência nas tapeçarias de Milly. Ao longo da margem inferior de uma delas (*The Peaceable Kingdom*, 1960), ela bordou as palavras de Isaías 11:6: "E morará o lobo com o cordeiro, e o leopardo com o cabrito se deitará, e o bezerro, e o filho de leão e o animal cevado andarão juntos, e um pequeno menino os guiará". É uma obra extraordinária. No centro da parte superior, a diretoria da *Bethlehem Steel Corporation*, da qual seu marido, William Johsntone, era o vice-presidente, está celebrando a Última Ceia no estilo de Da Vinci. Cercando a sala da diretoria de ambos os lados e em cima está a siderúrgica, com seus altos-fornos, suas vigas, fogo e fumaça. Embaixo está o mundo criado por Deus, repleto de leões e ursos, árvores e vinhas, coelhos, galinhas, gansos e – ligeiramente à esquerda, bem em frente ao coração de quem olha para a tapeçaria – um grande lobo cinza deitado tranquilamente de lado com a pata dianteira abraçando um pequeno cordeiro. É uma visão extraordinariamente radical da inclusão que, segundo a especialista em artes têxteis Barabara Schulman, fez Milly desfazer e bordar de novo o presidente da diretoria três vezes num esforço de "fazê-lo parecer menos aterrorizado". Num mundo onde todas as coisas estão incluídas sob o olhar amoroso de Deus, nada – nem ninguém – pode ser deixado de fora.

Uma história famosa dos evangelhos nos conta que uma vez, quando Jesus estava passando pela rua, um jovem rico veio correndo atrás dele para perguntar como poderia se assegurar da entrada no reino de Deus. Siga os mandamentos da Torá, Jesus lhe disse, mas o jovem insistiu que os tinha observado durante toda a vida.

> *E Jesus, olhando para ele, o amou e lhe disse: Falta-te uma coisa: vai, vende tudo quanto tens, e dá-o aos pobres, e terás um tesouro no céu; e vem, toma a cruz, e segue-me. Mas ele, pesaroso desta palavra, retirou-se triste; porque possuía muitas propriedades*
>
> (Marcos 10:21-22).

Esse é o famoso momento em que Jesus diz a seus discípulos que é mais fácil um camelo passar pelo buraco de uma agulha que um rico entrar no reino de Deus.

No entanto, no fim das contas, a história nada tinha a ver com riquezas – não no sentido literal. Sabemos disso por causa da reação dos discípulos de Jesus, que, sendo pobres como ele, não iriam ter problema em passar pelo pequeno buraco. Mas o Evangelho segundo Marcos nos diz que, ao ouvir as palavras de Jesus, "eles ainda mais se admiravam, dizendo a si próprios: 'Quem pode então salvar-se?'" (Marcos 10:26).

É fácil amar os discípulos nesse momento. Tão frequentemente eles são briguentos, sem fé, sem caridade e sem sabedoria, que, embora possamos nos identificar com eles, são às vezes difíceis de amar. Mas não aqui. Quão fácil teria sido para eles pensar que, por serem seguidores de Jesus, teriam lugar garantido no reino. Mas não. Ouvindo o pronunciamento de Jesus, ficam completamente atônitos. Em seus próprios olhos eles são camelos, tão certamente quanto o jovem rico. Há algo que cada um deles não irá, ou não conseguirá, abandonar. E essa coisa é a individualidade. Somos *todos* camelos. Santos e pecadores, budas e zumbis, pouco importa nosso nível de bem-estar material, somos todos muito grandes para passar pelo buraco da agulha. Somos muito cheios de afeições e aversões – muito cheios de si, de *nós mesmos* – pra entrar livremente na sabedoria e compaixão sem limites da mente de Deus.

Esse é o fulcro da história. O indivíduo não chega tão longe quanto aquele reino. Não há como possamos entrar por conta própria. É por isso que Jesus diz aos discípulos: "Aos homens isto é impossível, mas não a Deus; pois a Deus tudo é possível" (Marcos 10:27).

E esse aspecto é incontornável. Podemos mortificar a carne através do jejum, abrandar nossas mentes com a meditação ou reduzir nossa importância a um fiapo, submetendo-nos a todas as leis da Torá, do Novo Testamento ou do Alcorão, e *ainda assim* nunca poderemos passar pelo buraco da agulha enquanto nosso objetivo for passar por ele sozinho. Essa é a essência das palavras de Jesus ao jovem rico e da cerimônia do chá de Milly e de seu retrato bordado do reino pacífico. Podemos nos sentir incluídos no reino de Deus apenas quando não excluímos nada de seu alcance. É uma verdade simples, mas incontornável: *aquilo que não podemos dizer que é bom é o assunto de todo o nosso trabalho espiritual.*

No fim, tudo se resume ao mesmo aspecto, afirmado repetidamente na Bíblia na esperança de que acabemos por compreendê-lo. Temos de amar a Deus amando-nos uns aos outros, incluindo toda a Criação. E, no que concerne à experiência daquele amor, somos tão bons quanto o damos. Para aqueles que possuem riquezas, pode ser que tenham de dar dinheiro, mas o dinheiro em si não é o problema. Dinheiro sem amor não chega nem perto do reino. Só o amor nos leva até ele. O próprio reino é amor.

28. O sinal do beijo

Jesus perguntou-lhe: Judas, com um beijo traís o Filho do Homem?
Lucas 22:48

Jesus é sempre traído por aqueles que professam amá-lo, precisamente por aqueles que dizem ser seus discípulos ou amigos. Isso significa que o verdadeiro inimigo do cristianismo, hoje e na época de Jesus, não é o ateu, o infiel ou qualquer outro adversário externo. O real inimigo de Jesus fica dentro do rebanho.

Na noite anterior à crucificação, Judas aparece no Jardim de Gethsemane com aqueles que vieram prender Jesus. Antes, ele combinara um sinal com eles: "Aquele que eu beijar, é ele" (Mateus 26:48). Jesus avisava frequentemente a seus discípulos que seu momento ia chegar. Antes, tomados por um momento de intensa convicção religiosa, eles lhe diziam ter certeza que ele era o Cristo, o filho do Deus vivo. Mas ele apenas respondia humildemente e com uma tristeza profunda: "Não vos escolhi a vós os doze? E um de vós é um diabo" (João 6:70). O perigo sempre vem de dentro.

Se todos os homens são nossos irmãos e mesmo nossos inimigos devem ser amados e por eles se deve orar, então é evidente que no cristianismo não pode haver inimigo externo. Mesmo as passagens mais apocalípticas da Bíblia que falam de um anticristo ou demônio, quando se dá a eles a leitura intima que requerem, são um dedo indicador apontado contra a individualidade. Vivemos num tempo em que os inimigos de Jesus podem muito bem acabar sendo aqueles entre nós que trazem esse sinal do beijo – aqueles que mais ruidosa e ostensivamente professam sua crença. Na inabalável confiança, na sua própria visão moral, o cristianismo dominante perdeu a inclinação para refletir sobre si mesmo. Como uma pessoa vivendo numa casa sem espelhos, não mais pode ver que aparência tem para o mundo fora de suas paredes. Tampouco pode imaginar como o próprio Jesus poderá vê-lo quando retornar à terra no Segundo Advento, que tantos cristãos esperam ansiosamente.

Na Palestina do primeiro século, do mesmo modo, havia aqueles que esperavam a chegada do messias, um líder que se tornaria o rei de Israel, chefiando uma revolta popular contra os opressores romanos. De fato, quando Jesus foi crucificado a inscrição sobre sua cabeça dizia "Rei dos Judeus", em zombaria por seu sonho político. Mas o próprio Jesus havia dito: "Meu reino não é deste mundo" (João 18:36). Se seu reino fosse deste mundo, nos diz ele, seus discípulos iriam lutar e ele não teria de morrer na cruz. Na verdade, os discípulos de Jesus poderiam muito bem ter se tornado os terroristas da época, liderando uma revolta popular contra os romanos, mas não fizeram isso. Jesus não era esse tipo de revolucionário.

É difícil entender como uma religião fundada sobre a pregação de um homem que, em vez de trair seu evangelho do perdão, tornou-se a vitima voluntária de uma execução injusta poderia acabar se tornando tão militante e guerreira. Difícil entender como poderia acabar tendo tão sinistra história de intolerância e opressão. O recente alinhamento do cristianismo conservador com a chamada guerra patriótica contra o terror é apenas a mais recente de uma longa série de traições da visão moral de Jesus, que começou no dia em que o Imperador Constantino marchou pela primeira vez para a batalha com a cruz em seu escudo. Igreja e estado darão íntimos companheiros de cama se deixarmos, mas sempre levarão à guerra.

A opinião de Jesus quanto à separação entre igreja e estado é clara e sem ambiguidades. "Dai a César o que é de César; e a

Deus o que é de Deus" (Mateus 22:21). Nossos patriarcas fundadores, compreendendo quão facilmente a intolerância religiosa podia envenenar o corpo político, estabeleceram uma doutrina da liberdade religiosa para o Novo Mundo que o serviu muito bem por mais de duzentos anos. Mas às vezes não se atenta para o fato de que, para os patriarcas fundadores, a separação entre igreja e estado era a expressão positiva de uma visão moral cristã, em vez de uma tentativa de limitar sua influência na vida americana. Em 1790, um ano antes da Carta dos Direitos ser ratificada, numa carta a Moses Seixas, encarregado da *Touro Synagogue* em Newport, Rhode Island, George Washington escreveu sobre os Estados Unidos como uma terra "que não sanciona o fanatismo, não ajuda a perseguição". Citando o profeta Miqueias, assegurou que aqui "assentar-se-á cada um debaixo da sua videira, e da sua figueira, e não haverá quem os espante" (Miqueias 4:4).

Mesmo antes de a constituição estar sendo rascunhada, alguns cristãos do Novo Mundo já haviam afirmado a independência de sua visão moral das lealdades tribais tradicionais, recusando-se a permitir que sua religião fosse usada como instrumento de opressão. Na *Flushing remonstrance*, uma carta de 1657 do governador holandês Peter Stuyvesant em resposta a sua requisição de que eles expulsassem todos os *quakers* de sua comunidade, um grupo de fazendeiros ingleses de onde hoje é Queens, em Nova York, escreveu:

A lei do amor, paz e liberdade nos estados estendida aos judeus, turcos e egípcios, pois eles são considerados filhos de Adão, que é a glória do estado exterior da Holanda, o dito amor, paz e liberdade se estendendo a todos em Cristo Jesus, condena o ódio, guerra, e servidão. E porque nosso Salvador disse que é impossível que as ofensas não virão, mas infortúnio para aqueles de quem elas vêm, nosso desejo é não ofender um de seus seguidores, em qualquer forma, nome ou título que apareça, seja Presbiteriano, Independente, Batista ou Quaker, *mas ficará contente de ver algo de Deus em qualquer um deles, desejando fazer a todos os homens como desejamos que todos façam para nós, o que é a verdadeira lei da Igreja e do Estado; pois nosso Salvador disse que essa é a lei dos profetas.*

Hoje, às vezes se diz de Flushing que é a comunidade com maior diversidade religiosa e étnica na terra, com mais de cem linguagens diferentes faladas cotidianamente em suas ruas – uma espécie de babel ao contrário, onde aqueles que foram espalhados, depois de muitas jornadas, por fim voltaram para casa. Só que ninguém mais fala em construir uma torre. É o bastante para cada um ter sua própria vinha e figueira, e que ninguém o perturbe.

Enfim, é esse o verdadeiro objetivo da religião, e portanto sua expressão mais alta. E isso pode ser o que o profeta Miqueias tinha em mente quando falou de vinhas e figueiras e de uma época de paz global. Pois já não tinha Deus dado a aboboreira a Jonas para que tivesse sombra do calor do sol? Jonas amava a aboboreira (seu próprio povo e sua maneira de viver), mas não os ninivitas. Então Deus mandou um verme para destruir a planta. Do mesmo modo, toda religião em última instância floresce ou fracassa baseada tão somente em sua atitude em relação aos outros. Porque nenhuma religião pode ser destruída de fora – o verdadeiro inimigo sempre está em seu interior. Deus tenta dizer isso a Jonas, do mesmo que os fazendeiros de Flushing tentaram dizer a Peter Styvesant, e George Washington e Thomas Jefferson tentaram dizer a seus vizinhos religiosos mais estridentes. É sempre o impulso de proteger e privilegiar nossa própria religião que a solapa no fim. O outro que tememos é sempre nossa libertação disfarçada.

Em última análise, não acredito que seja necessário, ou mesmo possível, que os cristãos sejam capazes de entender o mundo pelos olhos dos muçulmanos, ou os muçulmanos pelos olhos dos judeus. Tampouco é necessário que os budistas adotem as crenças dos hindus ou cristão, ou o cristão as práticas dos hindus, budistas ou judeus. Essas coisas poderão ou não acontecer; só o tempo e a história dirão. Devemos apenas amar nossos vizinhos como a nós mesmos, como Buda ensinou, como Confúcio ensinou, como Moisés ensinou e como Jesus e Maomé ensinaram também. Não é um ensinamento complicado, e ninguém detém os direitos sobre ele a não ser aqueles que o praticam, e uma pessoa assim nunca é egoísta a ponto de não compartilhá-lo. Essa é a única coisa que evita que nossa vinha e figueira murchem. Fornece-nos a única sombra e consolo verdadeiros que se pode ter neste mundo.

Mesmo assim, parece uma prescrição quase simples demais para ser eficaz. Quando pensamos em todas as maneiras complexas como interagimos uns com os outros no mundo moderno, é difícil imaginar que a solução possa ser algo tão simples como a empatia – a disposição de sentir o que os outros sentem e de estar pronto para abraçar seu sofrimento ou felicidade como nossos. Mas essa é a verdade, e, por mais complexo e sinuoso que nosso caminho possa se tornar, a jornada de volta para essa verdade é tão simples quanto perguntar a nós mesmos uma simples questão: o que realmente queremos da vida?

A resposta a essa questão, embora possa tomar muitas formas específicas, é sempre alguma versão da realização, segurança ou satisfação – em outras palavras, é sempre a felicidade. Sendo assim, o que se requer de nós, se o que se deseja é abraçar a vida da verdadeira crença, é só um pequeno passo a mais. Temos apenas de admitir para nós mesmos que nossa felicidade está ligada da maneira mais íntima possível à felicidade dos outros. O universo é feito dessa forma. Somos salvos todos juntos ou simplesmente não somos salvos – todas as formas de salvação seletiva são ilusórias.

Não há Deus que nos selecione em separado do resto da criação para alguma concessão especial, deixando de fora o resto da humanidade, e ainda o resto da natureza. Um Deus assim não *seria* Deus, mas um ícone sem poder. Os intelectuais modernos que contestaram a existência de Deus com certeza têm todo o direito de fazê-lo se é esse Deus que eles contestam. Um Deus assim na verdade não existe. Nem tem qualquer direito a existir. Finalmente, o próprio universo nos salva de um Deus assim. Não reconhece as reivindicações de nenhuma classe especial de seres, mas abarca todos e tudo dentro dele. Até mesmo tolera nossas ilusões. Mas não podemos encontrar a felicidade, seja na vida ou na religião, enquanto acreditarmos num Deus que não é verdadeiro.

No fim, acho que essa é a razão pela qual precisamos usar os ensinamentos de uma religião para ler os ensinamentos de outra, como fiz com o budismo neste livro. Quebra o monopólio que temos da salvação como crentes nos ensinamentos da Bíblia. O mesmo pode ser feito usando a Bíblia para ler os sutras budistas, ou o Alcorão para ler a Torá. Não que devamos encontrar paralelos significativos entre as várias tradições religiosas do mundo, ou que devamos conformá-las ou unificá-las de modo que a integridade fundamental de cada uma se perca. Precisamos simplesmente destribalizar esses ensinamentos para que não mais possam ser usados como armas. Isso com certeza era o que Miqueias tinha em mente quando escreveu: "E estes converterão as suas espadas em enxadões e as suas lanças em foices; uma nação não levantará espada contra outra nação, nem aprenderão mais a guerrear" (Isaías 2;4). Só que, na maioria dos casos, persistimos pensando literalmente em armas quando lemos versículos assim, e não nos damos conta de que para o crente-pela-metade a religião é *sempre* uma arma. Só a crença restaura à religião seu propósito original – reunir todos os seres perante Deus.

29. O grito na cruz

E à hora nona Jesus bradou em alta voz: Eloi, Eloi, lammá sabactáni?, que quer dizer: Meu Deus, meu Deus, por que me abandonaste?

Marcos 15:34

Geralmente são as coisas que acontecem no começo da jornada espiritual que acabam sendo as mais importantes depois. Quando embarcamos nessa jornada parece que a maioria de nossas bênçãos está por vir. Mas Deus não age dessa forma. Ele nos dá os dons de que precisamos para nos manter em nosso caminho desde o começo, embora possam ser necessários alguns anos para aprender a usá-los.

Em 1983 eu morava no segundo andar de um pequeno dúplex na região de San Marco, em Jacksonville, na Flórida, a cerca de cinquenta metros do rio St. Johns. Mesmo os nomes desses lugares parecem carregados de significado agora, mas na época eu estava insensível a eles. Minha formação cristã viera comigo e eu tentava minimizar esse fato. Já vinha estudando o zen-budismo fazia seis ou sete anos, e, considerando a trajetória de minha vida espiritual, estava então no ponto mais distante em minha órbita para longe da religião com a qual crescera. Simplesmente não era parte de minha consciência. Não que eu soubesse.

Então, numa noite no começo de março, tive um sonho – se é que pode chamá-lo assim. A verdade é que ainda não sei como chamar. Desafiava qualquer classificação. De fato, por muitos anos eu simplesmente não sabia o que fazer com isso. Tentei interpretar, mas não consegui. Tentei esquecer, mas isso se provou impossível também. Alguém de nosso grupo de estudo da Bíblia de quinta-feira à noite uma vez veio com a imagem de um anzol para descrever o que acontece quando encontramos um pedaço da Bíblia preso dentro de nós. Gostaríamos de engoli-lo – metabolizá-lo, ou acreditar nele, ou simplesmente achar um lugar para ele em nossas vidas –, mas não conseguimos. Então tentamos cuspi-lo, mas também não conseguimos. Então fica alojado dentro de nós, como um anzol de peixe em nossas gargantas. Não podemos engolir, não podemos cuspir. Fica conosco, incomodando, até chegar o momento em que descobrimos o que quer dizer.

Chame de sonho.

Estou andando por uma floresta de árvores grandes perto do fim do dia. O tempo está nublando, e a última luz do sol está vazando do oeste. Não há trilha; mesmo assim eu continuo andando firme. Meus passos não fazem som sobre as folhas agulhadas de pinho douradas que cobrem completamente o chão.

Enquanto ando, vozes de homens e mulheres chegam a mim de algum lugar à minha esquerda. Falam do futuro, de todos os últimos eventos que ocorrerão no curso de minha vida, incluindo a morte. Explicam o que tudo isso significa no esquema maior das coisas. Então, subitamente, chego a uma pequena clareira, e tudo isso se apaga de minha mente. Na clareira há uma grande pedra cinza mais ou menos na forma de um ovo semienterrrado no chão. Sei que devo abraçá-lo com todo o meu corpo, mas tenho certeza de que, se o fizer, serei engolido. Mas a única coisa que posso lembrar do que me disseram sobre o futuro é que vou abraçá-la mesmo assim. Então dou um passo à frente e, abrindo bem os braços, encosto meu corpo contra a pedra.

Nesse momento me é dito que eu estava sonhando, mas que agora estou acordado e vou testemunhar algo real e que está acontecendo. Nesse instante, algo extremamente peculiar acontece com a pedra. Não que se transforme. É mais que o universo inteiro se deslocando em torno dela, e subitamente não é mais uma pedra, mas uma viga vertical de madeira, e meus braços, em vez de estarem estendidos como antes, estão agora junto a meu corpo, minhas mão segurando os dois lados da viga, minha cabeça apertada com força contra a madeira.

Nesse momento eu sei onde estou. Fui levado para testemunhar a crucificação. Esse era o propósito da jornada toda, e é o que devo fazer agora. Mas agora percebo que estou muito perto para vê-la. Então tenho de me empurrar para longe da viga e recuar para poder contemplar a cena perante mim, mas isso se mostra quase impossível. Meu corpo parece feito de chumbo. Qualquer força física ou moral que eu poderia ter se foi. Mesmo assim, de algum jeito, após um esforço terrível, consigo.

Mas ainda não consigo ver a cruz. Parece que meu queixo caiu sobre meu peito, de modo que não posso ver nada à minha frente Se foi difícil andar, erguer minha cabeça é ainda mais terrível. Parece completamente impossível, e muitas vezes eu desisto de tentar. Mas por fim também isso está feito.

No entanto, ainda não posso ver a cruz, pois meus olhos estão fechados. É impossível descrever a dificuldade de abrir meus olhos, de modo que nem vou tentar. Não sei como consegui, mas por fim consegui. E o que vi então, não mais que a seis metros de distância no alto de uma pequena colina, era de fato a crucificação e a cruz. Mas não havia nenhum corpo nela. *Isso* eu poderia ter suportado ver. Até hoje ainda acredito que poderia ter olhado para Jesus sem tremer. Mas não foi o que vi. O que vi foi uma nuvem em redemoinho, uma nuvem sobre uma cruz. E era insuportável de olhar para ela. No entanto eu olhava, pois não havia força sobrando em nenhum lugar dentro de mim para resistir ao que via.

Foi então que acordei. Estava sentado em minha cama com os olhos abertos. Estivera chorando por um bom tempo, porque minha camiseta de dormir estava ensopada de lágrimas. Naquele momento, um relâmpago atingiu o carvalho no jardim junto ao rio e rachou o tronco até o chão.

Eu nunca havia tido uma visão mística, e acho que, como uma pessoa moderna, não conseguiria tê-la suportado acordado sem ir parar no hospital, se é que eu teria sobrevivido a ela. Em sua misericórdia, Deus a deu para mim em algo como um sonho.

Mesmo assim, fiquei sem conseguir falar por três dias. Quando eu tentava, nenhum som saía, ou então somente algumas palavras num sussurro. Não existia contexto algum, fora minha criação cristã rejeitada, para o que acontecera comigo, e, embora já morasse em Jacksonville havia vários anos, não saberia dizer a localização de uma única igreja. Tentei meditar, mas era impossível. Tentei lembrar o que as vozes me disseram, mas não me recordei de nada. Por fim, pesquisei as obras de Carl Jung e encontrei em seus escritos uma referência a algo que ele chamou de "sonho grandioso", mas ele não dizia o que fazer se você eventualmente tivesse um. A essência de seu conselho parecia ser "você saberá".

Eu não sabia. Não sabia o que havia acontecido comigo e, com o tempo passando, comecei a ficar vagamente ressentido com o que parecia uma inoportuna incursão cristã naquilo que então eu estava moldando para ser uma excelente vida zen. De modo que o empurrei para os fundos de minha mente, onde, como meu parceiro de estudo da Biblia diria, tornou-se um anzol.

E é para isso que as mães servem.

Há momentos na vida em que só sua mãe sabe o que está errado com você e o que fazer quanto a isso, mesmo que nem sempre ela saiba como ou por quê sabe. Tinham-se passado vinte anos daquele dia quando minha mãe me ligou de Oxford, no Mississippi, onde ela e meu pai haviam se aposentado anos antes. De algum modo o assunto de Jacksonville veio à tona e ela mencionou que recentemente achara um cartão postal que eu lhe enviara, datado de 7 de março de 1983, no qual me referia a um sonho da noite anterior, acrescentando a enigmática frase em latim *mysterium tremendum fascinans*, dos escritos de Rudolf Otto, referindo-se à mescla de êxtase e terror que se sente na presença do Deus vivo. Aquele sonho – ou antes minha incompetência em compreendê-lo – era o que estava errado comigo. E o que fazer quanto a ele acabou sendo a razão do grupo de estudo que comecei com meus amigos. Mesmo assim, foram anos até desvendar seu significado. Quando o fiz, fiquei pasmo por não ter compreendido antes.

As palavras ditas por Jesus na cruz ecoam no versículo inicial do Salmo 22, onde quem fala grita para Deus das profundezas de seu próprio abandono: "Meu Deus, meu Deus, por que me abandonastes?". O Salmo 22 é surpreendente pelo uso de imagens da crucificação, e por essa razão é considerado por muitos cristãos uma profecia escrita centenas de anos antes do evento: a morte de Jesus na cruz.

Talvez por essa razão: as últimas palavras de Jesus raramente são compreendidas. Pelo fato de os cristãos igualarem o salmo com uma profecia, os cristãos pressupõem que, ao citá-lo, Jesus falava numa espécie de código para iniciados, como que dizendo: "O que está acontecendo agora é o que foi profetizado quanto ao Messias; portanto, é ele quem sou. Sou o Messias". Mas, se fosse esse o caso – se Jesus estivesse se dando ao luxo de um simples ato de alusão literária –, dificilmente nos comoveríamos com suas palavras. Pouco importando que ecoem de um salmo amado, Jesus as exclama da profundeza absoluta de seu próprio ser como um homem mortal ao exprimi-las. Esse grito marca a extremidade máxima do nada que um ser humano pode vivenciar. Em algum ponto da vida, qualquer um de nós pode vivenciar um momento em que sentimos que perdemos tudo – tudo o que já amamos ou esperamos ou sonhamos –, mas não compreendemos verdadeiramente esse nada até estarmos perdidos da presença de Deus.

O paradoxo mais profundo em toda a Bíblia é trazido para primeiro plano com o grito de Jesus na cruz. Afinal, não só é verdadeiro como todas as grandes tradições espirituais ensinaram que o indivíduo precisa morrer para que Deus viva dentro de nós, mas que o *próprio* Deus precisa morrer. *Todas* as nossas ideias precisam morrer para que Deus nasça, até mesmo nossa ideia de Deus. O que poucos de nós se dão conta no começo da jornada espiritual é que o que chamamos de "Deus" é quase sempre a individualidade disfarçada. Gritamos para o cosmos e ouvimos o eco de nosso próprio ser como resposta. Só quando chegamos ao ponto de compreender que estamos nos debatendo com essa experiência alucinatória que chamamos de individualidade percebemos que criamos Deus à nossa própria imagem, e não o contrário. Só então entendemos o que os místicos verdadeiramente queriam dizer quando falavam da morte da individualidade. A morte de Deus *é* a morte da individualidade. E só a partir dessa morte que a experiência do Deus único pode nascer.

O problema é que, quando se coloca dessa forma, soa difícil demais, como algo que só um místico pode conseguir –mesmo assim, só depois de uma longa permanência no deserto, ou talvez na caverna da montanha de Elias. Para quem leva uma vida comum no mundo comum, a morte da individualidade é praticamente inconcebível. "Como sobreviverei?", nos perguntamos. "Como completarei até mesmo as tarefas mais simples de um dia qualquer?" E, claro, essas preocupações seriam realistas se com "morte da individualidade" quiséssemos dizer o colapso de quem somos nesse nível comum, puramente funcional. A verdade ensinada pela Bíblia é que Deus morre *por* nós, e através de sua morte cada um de nós é trazido à vida.

No começo deste ano, nas férias com a família, fomos ao serviço de Quinta-Feira Santa na Igreja do Bom Pastor em Wareham, Massachusetts. No fim do serviço, meu sogro, Matt Finn, ergueu-se para ler o Salmo 22, um exercício litúrgico que idealmente daria tempo ao padre e seus assistentes para tirar todas as imagens, tecidos e textos do altar em preparação para o serviço da Sexta-feira da Paixão no dia seguinte. Felizmente, não haviam ensaiado antes, e isso fez toda a diferença.

Quando Matt chegou ao fim do salmo, o padre, sua assistente de oito anos e vários membros da corporação do altar ainda estavam indo e voltando pela nave para remover todos os ícones, livros e coisas penduradas nas paredes. Então, quando pareciam ter terminado, a menininha lembrou das almofadas vermelhas nos bancos à esquerda e à direita do altar, e foram necessárias mais três viagens para levá-las. Por fim, a própria cruz foi removida do altar, e de novo todo mundo achou que a cerimônia havia terminado. Então um membro da congregação sussurrou para o encarregado da igreja que havia um castiçal de flores sobrando bem sobre a cabeça dele, e durou mais uns minutos para achar um homem do coro que fosse alto o suficiente para removê-las. A essa altura todo mundo entrara no jogo, eu incluído, esquadrinhando o altar e a nave para ver se ainda sobrara alguma coisa. Nesse momento, um membro do coro trouxe a cruz, agora envolta em tecido preto para a Sexta-Feira da Paixão, para colocá-la de volta no altar, e as coisas ficaram momentaneamente confusas. Mas o padre veio e sussurrou: "Não; leve-a de novo para dentro".

E foi assim que terminou – com um altar temporariamente despido de todos os objetos religiosos. As velas que tínhamos acendido no final do serviço, passando a chama de mão em mão de um banco para outro, foram todas apagadas, e deixamos a igreja em silêncio, sem nem sequer um sussurro – nem mesmo de uma criança. E fiquei contente que ninguém houvesse pensado em ensaiar aquilo. Como ensaiar o nada? Melhor nem mesmo tentar. O que significa esvaziar o altar do coração de modo a nada restar – nem mesmo a imagem de Deus? Não é a crença em Deus um processo de remover tudo do coração *exceto* Deus? Qual seria o propósito de remover também Deus?

No fim, não podemos realmente imaginar quem ou o quê Deus é. Não podemos concebê-lo. Podemos expandir nossas mentes com meditação, oração, jejum, drogas alucinógenas, ou falando em línguas, e ainda não será amplo o bastante. Não podemos conter o oceano num dedal. Não podemos segurar uma galáxia em nossas mãos. Mesmo quando nos viramos do avesso, entregando tudo o que chamávamos "eu" e "meu" para o "vós" e "vosso" de Deus, *ainda* não conseguimos conceber Deus. Render não é o mesmo que agarrar ou compreender com a mente.

Mesmo Jesus precisa suportar a morte de todas as suas ideias sobre Deus, ideias que vieram a ele inevitavelmente, pelo simples fato de ter nascido com faculdades humanas normais numa forma humana comum. É por isso que ele exclama: "Meu Deus, meu Deus, por que me abandonaste?".

Por fim, isso é o que acontece a Jesus na cruz, e o que precisa acontecer com todos nós. Para vivenciar a integridade daquele Poder Além do Indivíduo que chamamos de Deus, precisamos estar dispostos e dar um passo além do indivíduo. Precisamos estar prontos para remover todas as crenças, imagens e ideias do altar do coração e deixá-lo vazio.

Mas a simples realidade da coisa é que não desistimos de nossas falsas imagens de Deus até elas falharem conosco. Quando isso acontece, momentaneamente ao menos, não temos ninguém nem nada em que nos apoiar, e é quando caímos...

Essa é a razão pela qual por meio da história o colapso das instituições religiosas tradicionais sempre foi bom para a relação entre o indivíduo em busca de Deus. E Ele entra pelas rachaduras quando nossos corações e mentes quebram. Quando nossas ideias sobre Deus se despedaçam: é esse o momento em que Deus realmente aparece.

30. O portão sem portão

E as doze portas eram doze pérolas; cada uma das portas era uma pérola; e a praça da cidade de ouro puro, como vidro transparente. E nela não vi templo, porque o seu templo é o Senhor Deus Todo-Poderoso, e o Cordeiro.

Apocalipse 21:21-22

Qualquer pessoa que alguma vez tenha lido o Apocalipse sabe que ele é um pesadelo vívido. Mal começamos a lê-lo e somos confrontados com um mundo mergulhado em morte, doença e toda a sorte de desastres naturais conhecidos pelo homem. É do *nosso* mundo que o Apocalipse está falando, não sobre alguma terra de conto de fadas ou mitos há muito esquecida. Primeiro porque os lugares que menciona ainda existem. Depois porque o caos e as catástrofes que descreve são comuns em qualquer época. Sempre ronda os limites da consciência humana uma sensação de pesadelo sobre um grande julgamento moral que está por vir. O que a maioria de nós falha em perceber é que Deus nunca pretendeu que ficássemos nesse pesadelo. Emergir dele faz parte, como em todos os sonhos ruins. O problema vem apenas quando se mostra impossível acordar.

Você já teve um pesadelo do qual não conseguia acordar? Não há como descrever o sentimento de impotência e terror que nos acomete nesse momento – a sensação de estar sendo perseguido e não conseguir correr, atacado e não conseguir gritar por socorro. Nesses momentos geralmente gritamos, mas parece que não conseguimos emitir nenhum som. Tentamos correr, mas nossas pernas não se movem. Algo sem nome pesa sobre nós, a morte é iminente, impossível escapar. O pesadelo é tão envolvente que desloca completamente o mundo desperto. Não lembramos quem somos ou de onde vivemos. Estamos longe daqueles que nos amam, aqueles a quem teríamos podido recorrer pedindo ajuda ou reconforto, ou simplesmente para nos dizer que não é real.

Nossos pesadelos são sempre sem costuras. Por mais longe que vaguemos nessa realidade, é sempre impossível erguer um canto dela e ver do outro lado. Nós *cremos* em nossos pesadelos e nada a não ser acordar pode nos convencer do contrário. Mesmo assim, com frequência gritamos quando finalmente emergimos deles, já que seus terrores parecem tão reais. Nosso coração dispara, ficamos sem fôlego. Então lentamente, enfim, começamos a acordar e a saber que os perigos e horrores em que críamos há poucos instantes nunca haviam sido reais.

Como os sonhos aterrorizadores que temos de tempos em tempos, repleto de símbolos e portentos obscuros mas estranhamente íntimos, a descrição do fim do mundo por João é envolvente em todos os aspectos. Há uma universalidade em seu retrato do fim do mundo que torna difícil descartá-la, mesmo quando sabemos que foi feita para os cristãos do primeiro século, para inspirar fé ante a perseguição, portanto escrita numa espécie de código simbólico.

Alguns anos atrás, Perdita e eu estávamos no mesmo hotel que um amigo nosso, um jornalista especializado em ambientalismo conhecido no mundo todo. Quando o assunto de meu próximo livro veio à tona, sua atitude em relação a mim subitamente mudou, e eu fiquei com medo de que, como alguns de nossos amigos não religiosos, ele tivesse ficado ofendido com o título. Talvez receasse que eu tentasse convencê-lo a crer em Deus, pensei eu, ou que fosse recriminá-lo por *não* acreditar. Mas não era esse o caso.

Na manhã seguinte, encontramo-nos no café da manhã, como ele havia sugerido, dessa vez só nós dois. Mesmo antes de o café ser servido, ele se inclinou sobre a mesa e disse com uma urgência que achei quase alarmante: "Fale-me sobre o Apocalipse e o que você acha que significa. Porque preciso lhe dizer que estou começando a acreditar que é real".

Eu não teria ficado mais chocado se ele tivesse me dito que ETs haviam abduzido o cachorro dele. Ali estava uma pessoa que respirava a ciência de ponta. É verdade, ele era um escritor como eu, e não um cientista. Mesmo assim, ciência – ciência *exata* – era o ramo dele. Nunca me ocorreu que ele pudesse ter alguma inclinação religiosa, e certamente nunca me ocorrera que ele poderia acreditar numa profecia do fim dos tempos. Mas, ao longo de nossa discussão, tudo começou a fazer sentido.

Já naquela altura ele estava inteiramente consciente dos perigos da mudança climática do globo. Estudara a ciência e vira as geleiras degelando em primeira mão. Tinha feito as contas, me assegurou, e as verificara com climatologistas do mundo inteiro, e não havia muito o que duvidar. A mudança estava vindo, provavelmente bem mais rápida do que se tinha imaginado, e ele podia ver como as notícias não iriam ser nada boas.

Então falamos sobre o Apocalipse, e essa foi a primeira vez que o considerei seriamente – não como um livro de profecias específicas que pudessem ser verificadas olhando os eventos correntes do mundo, mas como uma visão do fim dos tempos que me fez perceber os limites do mundo que criamos em nosso contínuo esforço de substituir o reino de Deus. Como nossos sonhos, esse mundo tem seus limites naturais. Precisamente porque foi criado por nós mesmos, não pode durar muito.

O Apocalipse oferece uma visão terrível do inferno na terra, repleto de pragas e terremotos, bestas e demônios, isso sem mencionar opressão, abandono e guerra. Mas não é um pesadelo que Deus criou. Nós o fizemos por conta própria. Se há alguma esperança de acordar, essa esperança está em dar-se conta disso.

Não que possamos colocar o mundo no caminho certo a esta altura sem a ajuda de Deus. Mas, sem compreender como contribuímos para o pesadelo, e como nos mantemos dormindo e sonhando, é pouca a esperança de que alguma coisa mude.

Por que fazemos isso? O que nos faz dormir, e em nosso sono destruir o meio ambiente e uns aos outros, e até mesmo nossa noção do mundo como um lugar para viver e ser? Por que destruir o mundo que Deus criou? Por que não podemos simplesmente acordar?

Ninguém sabe a resposta para essa questão. Deus nos fala de um lugar além de nosso pesadelo, geralmente em termos amorosos e íntimos, mas a voz que *ouvimos* é distorcida pela história do sonho que criamos, que funciona de acordo com a lógica inexorável de um mundo criado pela individualidade. De modo que ela sempre acaba soando crítica demais para ouvir. Essa voz modificada nos diz todo o tipo de coisas, algumas delas mais aterradoras do que o próprio sonho, mas a verdade é que está dizendo a mesma coisa sem parar: *criança, acorde!* O que fazemos para nossos filhos quando eles estão sofrendo desnecessariamente é exatamente o que Deus faz para nós. Mas precisamos estar dispostos a deixar que o pesadelo se vá.

É isso que o Buda está tentando fazer para seus discípulos quando segura uma flor para todos verem. E isso é que Jesus está fazendo para seus discípulos quando lhes diz que eles são como os lírios do campo. A paz que buscamos não está a nenhuma distância de onde já estamos. Nós é que não a vemos. Estamos envolvidos demais em nosso sonho.

Enfim, só pode haver uma coisa que impede que acordemos para a beleza e as bênçãos do mundo que Deus fez: nosso desejo de ser salvo à custa de nosso vizinho, interpretando a palavra *vizinho* no sentido mais amplo possível, para incluir não só os seres humanos mas cada flor no campo. É isso que nos mantém dormindo e sonhando – o fato de acreditarmos num mundo com o indivíduo em seu centro, em vez de um mundo criado por Deus. O fato de querermos que o indivíduo seja salvo *primeiro*, de querermos prevalecer ou conquistar, ou simplesmente estar certos e não errado. Chame de tribalismo, crença pela metade ou – por mais bizarro que tal paradoxo possa parecer – até de instinto de sobrevivência, mas tudo se resume à mesma coisa: queremos a salvação para nós mesmos à custa do outro, mesmo que esse outro seja o planeta ou a própria humanidade. Considerar tudo isso insano é dizer muito pouco. Por outro lado, por que ficaríamos surpresos? Afinal, Deus não nos advertiu logo no começo? "Pois no dia que comer dela você com certeza irá morrer."

Há, claro, alguns cristãos que acreditam que podem escapar do julgamento final pelo que chamam de *arrebatamento*, ser "pegos" por Deus no último momento possível, deixando o resto do mundo para trás. Mas essa noção é a causa de nosso pesadelo. Deixe o arrebatamento vir, não fará diferença. Ele não tem poder para nos salvar enquanto o Deus que imaginamos é o Deus de alguns e não o Deus de todos. No fim, tudo se resume à crença – a crença *verdadeira*, e não pela metade. E a crença verdadeira vem a nós no momento em que o Deus em que cremos é afinal o Deus de todos e de tudo. Esse é o significado do Deus Único a que a Bíblia se refere, e – espiritualmente falando – é tudo o que precisamos aprender na vida. O resto da religião, com todos os seus variados costumes (até mesmo costumes disfarçados como crença), importa muito pouco. A religião, que às vezes pode ser uma maldição, pode também ser um motivo para celebrar quando é nossa maneira de chegar à crença em Deus. Mas a crença em si nunca é tocada pela religião. A crença vive apenas no coração.

Esse Deus único é a razão pela qual o livro do Apocalipse, que parece tão desolador na maioria de seus vinte e dois capítulos, é tão esperançoso no fim. Nos dois capítulos finais da Bíblia, que em todos os aspectos possíveis espelha seus dois *primeiros* capítulos, um novo céu e uma nova terra nascem – ou melhor, o velho céu e a velha terra são enfim tornados visíveis para nós de novo. Estavam ali o tempo todo, mas não estávamos despertos para eles. No fim, nada mudou, e tudo mudou. O que era impossível com os homens foi, enfim, tornado possível por Deus.

Esse é o significado da visão de João no final do Apocalipse, depois que as estrelas caíram, a lua se tornou sangue e os quatro cavaleiros percorreram seu caminho de destruição. O individuo acorda de seu pesadelo do holocausto global, e João vê a Cidade de Deus, a Nova Jerusalém, descendo dos céus sobre a terra. E a primeira coisa que ele percebe, fora seu grande tamanho e esplendor, é que ela não contém nenhum templo: "E nela não vi templo, porque o seu templo é o Senhor Deus Todo-Poderoso e o Cordeiro. E a cidade não necessita de sol nem de lua, para que nela resplandeçam, porque a glória de Deus a tem iluminado, e o Cordeiro é a sua lâmpada" (Apocalipse 21:22-23). Ficamos sabendo depois que os portões dessa cidade nunca ficam fechados, para que a glória e a honra de todas as nações possam entrar livremente nela. Os portões da Nova Jerusalém ficam abertos porque, apesar de suas dimensões serem essencialmente as de um cubo gigante, não são uma caixa. Nada *contém*, mas em vez disso serve como um local de celebração, do qual os jubilantes continuamente vêm e vão. A cidade não tem templo porque o próprio Deus, o Deus de Tudo, está finalmente vivendo ali.

Por anos, a coisa que mais me intrigou quanto à cidade divina de João foi um detalhe a que raramente se presta atenção: o fato de que cada um de seus doze portões – três de cada lado – é composto de uma única pérola. Quebrei a cabeça sobre isso por muito tempo, pois não conseguia compreender como uma pérola poderia ser um portão, especialmente se nada fechasse e não deixasse ninguém fora. Por fim, procurei ver se a Bíblia falava alguma coisa mais sobre pérolas, e havia algo.

Uma vez, quando os discípulos perguntaram a Jesus sobre o reino dos céus, ele respondeu: "O reino dos céus é semelhante ao homem, negociante, que busca boas pérolas. E, encontrando uma pérola de grande valor, foi, vendeu tudo quanto tinha, e comprou-a" (Mateus 13:45-46). *Essa* é a única pérola, sem preço, que guardava o portão para a eternidade. E essa pérola única, que ficava em cada um dos doze portões da Cidade de Deus, era o próprio Deus Único. O próprio Deus era a porta que fica para sempre aberta, o portão sem portão para a eternidade do qual todas as coisas estão para sempre chegando e partindo, caindo e sendo pegas. E, bem como Jesus ensinou, valia tudo o que você pagara por ela, porque *era* tudo. O resto era apenas um sonho.

Apêndice A

Embora os sumários e explicações seguintes para cada capítulo de *Como acreditar em Deus* possam não ser necessários para o leitor familiarizado com a Bíblia, outros poderão considerá-lo um suplemento útil para o texto.

1. No começo

O Gênesis é o primeiro dos cinco livros da Torá hebraica (também chamados de Pentateuco). Os outros são Êxodo, Levítico, Números e Deuteronômio. A palavra *gênesis* significa literalmente "começos"; assim, o primeiro livro da Bíblia relata a história não só da criação do mundo, mas dos primórdios do povo judeu, explicando de onde vieram, e, por meio de profecias feitas por Deus aos primeiros patriarcas e matriarcas judeus, para onde estão indo. O capítulo de abertura do Gênesis proporciona a base para tudo isso relatando a criação do universo físico de uma massa líquida disforme. Para esse fim, Deus cria a luz no primeiro dia, o céu no segundo, a terra e toda sua vegetação no terceiro, o sol, a lua, e as estrelas no quarto. No quinto dia Deus cria os peixes e pássaros, e no sexto, os animais da terra e por fim os seres humanos, ordenando-lhes: "cresçam e se multipliquem". A narrativa da criação se encerra no começo do segundo capítulo do Gênesis, quando Deus estabelece o sétimo dia como o *sabbath*, o dia do descanso.

2. O conhecimento do bem e do mal

As origens do bem e do mal são explicadas na Bíblia através da história do primeiro homem e da primeira mulher. Adão, cujo nome vem da palavra hebraica *adamah*, ou "terra", é criado quando Deus molda o barro em forma humana, soprando em suas narinas "o sopro da vida". Em seguida, Eva ("mãe da vida") é criada de uma das costelas de Adão enquanto ele dorme. Como única diretriz para a vida dos dois no jardim, Deus os proíbe de comer o fruto da árvore do conhecimento. A serpente diz a Eva que comer da árvore não irá matá-la, mas possibilitar que ela diferencie o bem do mal, portanto torná-la tão sábia quanto Deus.

Eva come da árvore primeiro, então oferece o fruto para Adão, que também o come, e com isso "seus olhos se abriram". A primeira percepção de ambos, todavia, é de sua própria nudez, e o primeiro ato é costurar aventais de folhas de figueira para se cobrir. Em seguida, eles se escondem.

Quando Deus pergunta a Adão por que está se escondendo, Adão explica que é por que está nu. Deus pergunta se eles comeram da árvore do conhecimento, e Adão responde que Eva lhe deu o fruto. Eva conta a Deus que a culpa foi da serpente, que a enganou, por isso Deus condena a serpente a rastejar de barriga e torna a humanidade sua inimiga perpétua. Eva é condenada a sofrer as dores do parto e colocada sob o domínio de seu marido, enquanto Adão é condenado a uma vida como agricultor. A terra nunca mais oferecerá seu fruto a ele sem esforço. Portanto, a vida será uma perpétua luta pela sobrevivência.

Por fim, Deus faz roupas para Adão e Eva com a pele de animais e os expulsa do jardim. Para evitar que voltem tentando conseguir a imortalidade, Deus coloca um anjo com uma espada em chamas no portão do Éden para guardar o caminho para a árvore da vida.

3. Caim e Abel

Após deixarem o jardim, Eva dá à luz Caim, arador da terra, e depois a Abel, criador de ovelhas. No primeiro registro de uma oferenda a Deus, Caim oferece o fruto da terra, enquanto seu irmão Abel traz o primogênito de seu rebanho, incluindo "sua gordura".

Quando Deus mostra preferir a oferenda de Abel à de Caim, este fica com raiva, "descaiu-lhe o semblante". Deus pergunta por que ele está tão bravo, e, como Caim não responde, acrescenta: "Se bem fizeres, não é certo que serás aceito?". Então adverte Caim: "E se não fizeres bem, o pecado jaz à porta, e sobre ti será o seu desejo, mas sobre ele deves dominar".

Logo depois, Caim atrai Abel para o campo e o mata. O Senhor pergunta a Caim onde está seu irmão e Caim responde: "Acaso serei eu o guarda de meu irmão?". Deus diz a Caim que a terra não mais vai sustentá-lo como agricultor, e o amaldiçoa a se tornar andarilho. Com a língua enfim solta, Caim confessa que a punição é maior do que pode suportar. Tendo assassinado seu irmão, ele agora teme que qualquer pessoa que o encontre deseje matá-lo também. Mas Deus mostra misericórdia, colocando uma marca em sua testa para que todos saibam que, se o ferirem, serão punidos sete vezes. Caim parte da região próxima ao Éden, onde ele vivia com os pais, e viaja para a terra de Nod. Lá se casa e se torna o pai de Enoque, que constrói a primeira cidade. Porque Eva perdera Abel e porque Caim fora exilado, Deus dá a ela outro filho, chamado Set.

4. A torre inacabada

Tendo sobrevivido ao dilúvio, os descendentes de Noé se reúnem na planície de Shinar para construir uma grande cidade, com uma torre que alcançará o céu, para que "nos façamos um nome, para que não sejamos espalhados sobre a face de toda a terra". Eles cozinham resistentes tijolos de barro para esse propósito e produzem cimento com betume (a primeira menção a essa tecnologia na Bíblia). O Senhor desce com seus anjos para ver que obra faz o povo de Babel, e conclui que, por serem um povo unido, que fala uma só língua, nada estará além do poder deles. Junto com seus anjos, Deus confunde a fala de todos de modo que não mais possam trabalhar em cooperação na torre, e os espalha sobre a face da terra. Por essa razão, diz a Bíblia, a cidade ficou conhecida como Babel, que significa "confusão".

5. Seguindo adiante

Abrão é o primeiro patriarca do judaísmo e do Islã, por meio de seus filhos Isaac e Ismael, respectivamente. Tendo ouvido de Deus para seguir adiante para uma nova terra, ele parte imediatamente de Harã com sua mulher, Sara, o filho de seu irmão, Ló, e todos os seus servos. Deus conduz Abraão e sua família por várias jornadas pelo que hoje é a Síria, o Líbano, Israel e Egito, e promete fazer seus descendentes tão numerosos quanto as estrelas no céu, renomeando-o então como Abraão, "o pai de muitos". Episódios famosos envolvendo Abraão incluem sua tentativa de interceder junto a Deus em nome das cidades perdidas de Sodoma e Gomorra e o quase-sacrifício de seu filho Isaac. Ele morre com a idade de 175 anos e é carregado pelos filhos para Hebron, onde é sepultado na caverna de Machpelah.

6. O amarrar de Isaac

Quando a Abrão é dito que será o pai de uma grande nação, ele se pergunta como isso poderá acontecer, pois não tem filhos e sua mulher é muito velha. Para conseguir um herdeiro, Sara convence Abraão a ter um filho com sua dama de companhia, Hagar, e assim nasce Ismael. Quando Sara mais tarde entreouve um anjo dizendo que ela também terá um filho, ela ri, mas pouco depois, com a idade de noventa anos, dá à luz Isaac. Agora que Sara tem um herdeiro legítimo, manda Hagar embora. Deus promete que ambos os filhos de Abraão criarão grandes nações, mas mantém a santidade de sua aliança com Abraão por meio do filho nascido de sua esposa legítima.

Repentinamente, no capítulo 22 de Gênesis, somos informados de que Deus decidiu testar Abraão exigindo que sacrificasse seu filho Isaac. Abraão, que anteriormente argumentara com Deus contra a destruição de Sodoma e Gomorra, não faz nenhum protesto dessa vez, mas rapidamente chama Isaac, seus dois servos e manda trazer lenha para o fogo da oferenda, partindo para a montanha que Deus lhe indicou. Em nenhum momento ele questiona os motivos de Deus ou mostra qualquer emoção. Só o que sabemos é que, no exato momento em que Abraão vai sacrificar seu filho, um anjo intervém. Abraão olha para cima, vê um cordeiro com os chifres presos num arbusto e o oferece em vez de seu filho. Como ele se sente quanto ao teste? Ele sabe que é um teste? Como reage ao que aconteceu? A história em si mesma não oferece nenhuma resposta para esse que é considerado o episódio mais intrigante da Bíblia.

7. Jacó e o anjo

Quando a mulher de Isaac, Rebeca, engravida, passa por grande desconforto e pede orientação a Deus. Ele diz a ela que duas grandes nações estão em guerra em seu útero, e que o mais velho dos filhos irá servir ao mais novo. Quando os gêmeos Jacó e Esaú nascem, Esaú emerge primeiro, com o irmão agarrando-o pelo calcanhar – daí o nome Jacó, "aquele que agarrou o calcanhar". À medida que os irmãos crescem, Esaú se torna um homem do ar livre e um caçador, enquanto Jacó, mais contemplativo por natureza, satisfaz-se em ficar recolhido na tenda.

Num episódio que prenuncia os eventos entre os dois irmãos, Esaú uma dia retorna da caça quase morto de fome e Jacó, que está preparando um cozido de lentilhas vermelhas, oferece-lhe uma tigela em troca de seu direito de nascimento. O fato de Esaú ter aceitado pode ter como função confirmar o que Deus havia dito a Rebeca: Jacó receberá a bênção em vez de Esaú, que pode parecer não merecê-la, já que está disposto a vendê-la por tão pouco.

Quando chega o momento de Isaac passar a bênção de Deus a Esaú, Jacó a recebe em seu lugar por causa de um estratagema inventado por Rebeca. Jacó passará por seu irmão, que é bastante peludo, amarrando pele de bode nos braços e usando as roupas de Esaú. Isaac a essa altura já está quase cego e, assim, embora desconfiado, notando que o filho parece diferente, aceita a alegação de Jacó de que é seu irmão Esaú. Isaac oferece a ele a bênção de Deus e todo o poder, posses e prosperidade que o acompanha. Quando Esaú descobre o que seu irmão fez, jura matá-lo, e então Rebeca manda Jacó ir viver com seu tio Labão.

Jacó passa muitos anos com Labão em Padarn-aram. Ele se casa com as duas filhas de seu tio (Raquel, a quem ama verdadeiramente, e Lia) e fica ainda mais rico que Labão. Então Deus diz a Jacó que está na hora de voltar para casa. Nessa jornada, ele luta contra um anjo.

8. O nome de Deus

Moisés nasce de uma mãe judia numa época em que os judeus escravizados, estão ficando muito numerosos no Egito. Num esforço de reduzir essa população, o faraó ordena que todos os bebês do sexo masculino sejam afogados. Temendo por seu filho, a mãe de Moisés o coloca num cesto à deriva no Nilo, onde a filha do faraó o encontra, dando-lhe o nome Moisés, que significa "tirado da água" e o criando como se fosse seu.

Quando jovem, Moisés mata um capataz egípcio que surrava um de seus conterrâneos judeus. Para escapar à punição por seu crime, viaja para Midiã, onde se casa com Zípora e trabalha para o pai dela como pastor. É durante o pastorear que Moisés encontra o arbusto em chamas (a sarça ardente) e recebe a tarefa de libertar os israelitas da escravidão. Inseguro quanto a seu preparo para essa missão, Moisés tenta uma série de estratagemas para se livrar dela, mas no fim a vontade de Deus prevalece, e Moisés confronta o faraó com suas demandas.

O faraó se recusa a deixar os israelitas partir, então Moisés atrai dez pragas sobre o Egito, ganhando por fim a liberdade para seu povo quando Deus manda o anjo da morte para levar o primogênito de cada família egípcia, bem como os primeiros nascidos entre os animais e os rebanhos. Com esta última praga, por fim o faraó cede e o povo é libertado. Todavia ele muda de ideia, assim que os israelitas partem, e os persegue até o Mar Vermelho. Moisés usa seu cajado para abrir o mar para os israelitas, mas as águas voltam com toda a força quando os egípcios tentam segui-los. O exército do faraó se afoga.

Em seguida à libertação bem-sucedida, os israelitas são conduzidos pelo deserto do Sinai por quarenta anos, e durante esse tempo aprendem a se comportar como o povo de Deus. Eles só têm permissão de entrar na Terra Prometida quando esse processo termina.

9. O bezerro de ouro

O episódio em que os israelitas produzem um bezerro de ouro ocorre quando Moisés se prepara para descer o monte Sinai com as tábuas da lei. A discussão completa desse ato de idolatria e o que o motiva é encontrada no capítulo nove. O desenlace desse evento, todavia, é pouco conhecido.

Destruído o bezerro (Moisés ordena que seu ouro seja moído e misturado com água, que os responsáveis têm de beber), inicia-se um banho de sangue, liderado pelos levitas, a tribo dos sacerdotes de Israel. Moisés ordena esses sacerdotes a amarrar suas espadas nas coxas e sair pelo acampamento matando seus irmãos, amigos e vizinhos, até cerca de três mil pessoas estarem mortas. Desse modo, Moisés diz aos levitas, eles se ordenaram no serviço do Senhor, "cada um ao custo de um filho ou irmão, portanto trouxeram uma bênção para si mesmos neste dia". No dia seguinte, Moisés lembra que cometeram um grande pecado, mas diz que irá interceder em nome deles junto a Deus. Porque Moisés assim insiste, Deus poupa a vida dos israelitas, mandando em vez da destruição uma praga sobre eles.

10. A morte de Moisés

A morte de Moisés antes de ter a oportunidade de chegar à terra prometida é um dos grandes desapontamentos da Bíblia. A punição incide no que parece um lapso menor.

Quando os israelitas têm sede, Deus ordena a Moisés que golpeie uma pedra com seu cajado, de onde jorra água. De novo, quando os israelitas estão sedentos, Moisés faz o mesmo. Só que dessa vez ele leva o crédito pelo milagre, junto com seu irmão Aarão. Por esse pecado, Deus lhe diz que nunca chegará vivo à terra prometida. Ao final dos quarenta dias no deserto, Deus o leva para o alto do monte Pisga, de onde lhe é permitido contemplar a terra prometida, e Moisés morre em seguida, "de acordo com a palavra do Senhor", que o enterra em segredo. A Torá termina com uma série de versos reminiscentes da literatura heróica da antiguidade, sugerindo que, apesar do que parece ser uma dura punição contra ele, Moisés é ainda assim considerado o maior profeta da história de Israel:

> *E nunca mais se levantou em Israel profeta algum como Moisés, a quem o Senhor conhecera face a face; semelhante em todos os sinais e maravilhas, que o Senhor o enviou para fazer na terra do Egito, ao Faraó, e a todos os seus servos, e a toda a sua terra. E em toda a mão forte, e em todo o grande espanto, que praticou Moisés aos olhos de toda Israel.*
>
> (Deuteronômio 34:10-12)

11. A oração de Ana

O levita Elcana tem duas esposas, Ana e Penina. Enquanto Penina tem filhos, Ana não, porque "o Senhor fechou o seu útero". Ridicularizada por sua rival, Ana fica tão perturbada que deixa de comer. Elcana insiste que ela deve se satisfazer com o amor dele (ele a prefere em relação a Penina), mas Ana não se conforma. Apresentando-se em toda a sua miséria no tabernáculo em Shiloh, Ana ora ardentemente por um filho homem.

> *E fez um voto, dizendo: Senhor dos Exércitos! Se benignamente atentares para a aflição da tua serva, e de mim te lembrares, e da tua serva não te esqueceres, mas à tua serva deres um filho homem, ao Senhor o darei todos os dias da sua vida, e sobre a sua cabeça não passará navalha.*
>
> (1 Samuel 1:11)

Porque Ana ora silenciosamente, apenas movendo os lábios, o sumo sacerdote Eli acha que está embriagada e a repreende, ouvindo em resposta que ela não tomou bebida, mas derramou seu espírito perante Deus. Ao ouvir isso, Eli fica profundamente comovido e abençoa Ana, assegurando-a de que Deus irá ouvir uma oração assim. Ana retorna a seu marido e volta a comer. Tempos depois concebe um filho, Samuel, que se tornará um profeta para os dois primeiros reis de Israel, Saul e Davi.

12. Cinco pedras lisas

Os israelitas estão em guerra com os filisteus. O pai de Davi, Jessé, chama-o no pasto onde ele cuida de seus rebanhos e lhe manda levar provisões a seus irmãos mais velhos, que estão na guerra. Davi obedece, mas, quando chega ao acampamento israelita, encontra a tropa com moral muito baixa. Um homem enorme, conhecido como Golias de Gath, tem se encarregado todos os dias de provocar os israelitas com o seguinte desafio: se algum deles for forte o bastante para derrotá-lo num combate homem a homem, os filisteus se tornarão seus escravos. Se, todavia, Golias vencer, então os israelitas se tornarão seus escravos. A julgar por suas proezas em combate, e pela enormidade de seu físico (sabe-se que Golias tem cerca de três metros de altura), ele acredita que ninguém se arriscará a tanto. O desafio é lançado com a intenção de humilhá-los. Davi pergunta o que será feito pelo homem que derrotar o gigante, e lhe dizem que o Rei Saul fará esse homem rico e lhe dará a mão de sua filha em casamento. Com esse conhecimento, o menino Davi decide lutar contra o gigante. Ao incrédulo Rei Saul, ele explica que no passado Deus o ajudou a vencer um leão e um urso que atacaram seu rebanho. Certamente Golias é um tipo diferente de desafio, mas Deus o ajudará a prevalecer.

Saul tem certeza que o menino morrerá em combate com um soldado veterano como Golias, mas, como não parece haver ninguém mais disposto a enfrentar o desafio, permite que Davi lute. Quando Davi se prepara para partir, Saul lhe oferece sua armadura. Davi a experimenta, mas, por não estar acostumado a ela, decide que é melhor deixá-la. Ele para à beira do riacho, escolhe cinco pedras para guardar em sua funda e segue adiante para confrontar o filisteu, contando apenas com seu estilingue e seu cajado de pastor.

O combate começa com provocações rituais. Ao ver Davi armado apenas com suas ferramentas de pastor, Golias exclama: "Sou eu algum cão, para tu vires a mim com paus?" Ao que Davi responde:

Tu vens a mim com espada, e com lança, e com escudo; porém eu venho a ti em nome do Senhor dos Exércitos, o Deus dos exércitos de Israel, a quem tens afrontado. Hoje mesmo o Senhor te entregará na minha mão, e ferir-te-ei, e tirar-te-ei a cabeça.

(1 Samuel 17:45-46)

Com isso, Golias se aproxima do menino pastor, que põe uma pedra em sua funda e a dispara contra o gigante. A pedra atinge Golias, afundando em sua testa, e ele cai morto com a face no chão. Davi agarra a espada do gigante e lhe corta a cabeça. Os filisteus fogem com os israelitas em seu encalço.

13. Davi dança em frente à arca

A arca da aliança foi construída durante a vida de Moisés conforme instruções fornecidas por Deus. Feita para guardar as tábuas da lei, era considerada o objeto mais sagrado de toda Israel. Mais tarde, quando o filho de Davi, Salomão, construiu o templo em Jerusalém, ela ocupava o lugar "mais sagrado dos lugares sagrados", o santuário interno, onde era visitada uma vez por ano pelo sumo sacerdote no *Yom Kippur*.

Considerada um objeto muito poderoso, era ocasionalmente levada para as batalhas. Foi assim que foi parar nas mãos dos filisteus, quando eles derrotaram o exército de Israel.

Os filisteus não tiveram sorte com a arca, porém. Ela fez com que o ídolo no templo de Ashod caísse, e suas mãos e pés se soltassem. Fez então com que o povo desenvolvesse tumores. Os filisteu tentaram transferi-la para Gath, mas as mesmas doenças vieram. Quando a arca foi transferida para Ekron com os mesmos resultados, o povo a rejeitou e ela foi devolvida a Israel. Lá, ficou na casa de Abinadam, onde Davi a encontra.

À luz dessa história toda, a morte de Uzá, que morre porque "estendeu sua mão" para segurar a arca quando os bois tropeçaram, parece consistente com a impressão geral criada pela Bíblia de que a arca é um objeto sagrado, mas também perigoso. Só depois, quando o Rei Davi descobre na Torá as regras relativas ao manuseio adequado da arca, ela pode ser levada com segurança para Jerusalém.

Quanto à questão da dança de Davi quando a arca está sendo trazida para Jerusalém, a Bíblia nos conta que sua esposa, Mical, filha de Saul, ficou ofendida pelo fato de o rei de Israel ter sido visto dançando seminu diante das criadas. Davi responde que é o bastante ser honrado pelas criadas de Israel. Depois disso ele a rejeita e ela morre sem filhos.

14. Um punhado de farinha

Elias, o tesbita, foi um profeta importante do Reino do Norte de Israel durante o século IX a.C. Nada se sabe de sua vida antes do momento em que entra em cena, já como profeta, dizendo ao Rei Acab que, em punição de Deus pelo pecado da idolatria, não choverá por vários anos. Homem vigoroso, capaz de suportar longas permanências no deserto, Elias vive algum tempo perto de um riacho na Jordânia, onde é alimentado por corvos. Mais tarde, Deus diz lhe manda viajar para Sarepta, onde uma viúva lhe dará comida. A viúva e seu filho estão morrendo de fome, mas Elias intervém, e seu escasso estoque de comida e óleo é prolongado até o fim da seca. Quando mais tarde o filho da mulher sucumbe por doença, Elias ora para que seja ressuscitado, e ele ressuscita. Depois, a viúva diz a Elias: "Agora vejo que és um homem de Deus e que a palavra de Deus está verdadeiramente em teus lábios" (1 Reis 17:24).

15. Elias ora por chuva

A oração de Elias pelo fim da seca é precedida por uma disputa com os profetas de Baal. Elias começa repreendendo o povo de Israel pela indecisão de suas crenças religiosas: "Até quando coxeareis entre dois pensamentos? Se o Senhor é Deus, segui-o e se Baal, segui-o" (1 Reis 18:21). Como o povo permanece em silêncio, Elias propõe um teste. Cada lado oferecerá um sacrifício, mas sem usar fogo. O deus que for capaz de produzir fogo para a oferenda obterá a lealdade do povo.

Os profetas de Baal (cerca de 450) oferecem sua oração primeiro, dançando e invocando seu nome e até mesmo se cortando com facas, sem nada conseguir. Elias zomba de seus esforços, sugerindo que Baal deve estar dormindo. Elias ordena então que quatro barris de água sejam derramados sobre a lenha debaixo de sua oferenda, encharcando-a por completo. Esse processo é repetido mais duas vezes, e depois, mesmo com essa desvantagem, a oração de Elias imediatamente produz um fogo que consome não só o sacrifício mas também as pedras sob ele. Os profetas de Baal são então mortos pelo povo de Israel, um evento que mais tarde inspira a Rainha Jezebel a desejar a morte de Elias.

Imediatamente após esse encontro público, Elias se retira para o monte Carmelo para orar por chuva. A postura assumida por Elias, colocando a cabeça entre os joelhos, sugere que ele entrou em meditação profunda. Ele emerge desse estado apenas em intervalos, a fim de enviar seu servo para o cume da montanha para olhar o mar. Inicialmente, o servo nada vê. Por fim, na sétima subida, ele vislumbra uma nuvem do tamanho da mão de um homem. Elias aceita isso como o sinal que esperava, e, de fato, o céu logo fica cheio de nuvens. Com o fim da idolatria, a seca também termina, e Elias se apressa a voltar para a cidade e se apresentar ao Rei Acab, sendo empurrado pelo vento.

16. O murmúrio de uma brisa ligeira

Perseguido pela vingativa Rainha Jezebel, Elias foge para o monte Horeb (uma jornada de quarenta dias) e se oculta dentro de uma caverna. Lá ele ouve a voz do Senhor perguntando por que está se escondendo. Elias responde que os profetas de Israel foram todos mortos, e só resta ele. Jezebel jurou matá-lo também e parece não haver esperança para o futuro de sua missão. A Elias é dito que ande até a entrada da caverna. Ali ele testemunha uma série de três revelações:

> *Nesse momento passou diante do Senhor um vento impetuoso e violento, que fendia as montanhas e quebrava os rochedos; mas o Senhor não estava naquele vento. Depois do vento, a terra tremeu; mas o Senhor não estava no tremor de terra. Passado o tremor de terra, acendeu-se um fogo; mas o Senhor não estava no fogo.*
>
> (1 Reis 19:11,12)

Então vem "o murmúrio de uma brisa ligeira". Elias dá um passo para fora da entrada da caverna quando a ouve, puxando o manto sobre sua cabeça para não se arriscar a ver a face de Deus, o que era proibido até para Moisés. Nesse momento, Deus faz a mesma pergunta de antes e recebe de Elias a mesma resposta: os profetas estão todos mortos, e só sobrou ele. Deus manda Elias viajar a Damasco e ungir Hazael rei da Síria e Jeú rei de Israel. Então, deve ungir Eliseu como seu sucessor. Quando chega a hora de Elias morrer, ele é levado para o céu numa carruagem de fogo perante os olhos de Eliseu. Somente seu manto desce pairando do céu. Eliseu assume o manto de Elias (literalmente) e abre o Jordão golpeando as águas com ele, o primeiro dos muitos milagres que esse novo profeta realizará na Bíblia.

17. Questionando Deus

O livro de Jó conta a história de um homem que é afligido pela perda de seu lar, seus filhos, sua fortuna e até sua saúde – e tudo sem ter feito nada de errado. A história principal começa com uma conversa no céu entre Deus e Satã.

Deus pergunta de onde Satã acaba de chegar, e Satã responde:

"De rodear a terra, e passear por ela". "Notaste o meu servo Jó?", Deus diz. "Não há ninguém igual a ele na terra: íntegro, reto, temente a Deus, afastado do mal." (Jó 1:7-8)

Satã responde que, de fato, notou Jó, mas acrescenta que este dificilmente teria alguma razão para temer a Deus, pois Ele lhe deu prosperidade e proteção sem igual. Satã desafia Deus a testar Jó tirando tudo o que tem, confiante que Jó irá amaldiçoá-lo. Deus dá permissão a Satã para aplicar o teste, mas faz com que ele prometa não ferir o próprio Jó. A cena muda para a terra, onde uma série de mensageiros chega para dizer a Jó que seus rebanhos foram todos roubados ou destruídos e que seus filhos e filhas pereceram quando sua casa desabou. Jó chora essas perdas, mas em última instância aceita seu infortúnio como a vontade inescrutável de um Deus onipotente.

Deus vê confirmada a observação que fizera antes de que Jó é "um homem íntegro e reto", e diz isso a Satã. Mas Satã não se deixa derrotar tão fácil. Jó com certeza amaldiçoará Deus se for diretamente atingido. Deus dá permissão para o novo teste, desde que Satã não tire a vida de Jó. É assim que Jó acaba sozinho, sentado numa pilha de cinzas, seu corpo inteiro, inclusive as solas dos pés, coberto com pústulas dolorosas. É nessa condição que é encontrado por três amigos.

A parte principal dos quarenta e dois capítulos de Jó relata sua conversa com os amigos, que parecem preocupados não só com o sofrimento de Jó, mas também com as implicações disso para o resto da humanidade. Inicialmente, mostram empatia e respeito pela tristeza dele, mas suas reações se tornam cada vez mais moral e teologicamente confusas. Em seu luto e sofrimento, as respostas de Jó a seus amigos vão do desespero ao ultraje moral, pois ele sozinho sabe que não tem culpa nenhuma, portanto não merece sofrer nas mãos de Deus.

Por fim, Jó pede e recebe uma audiência com Deus, que lhe fala de um redemoinho, fazendo uma série de perguntas que abarcam a amplidão e a profundidade do cosmos, inquirindo se Jó sabe que a chuva tem um pai, ou do útero de quem vem o gelo. Onde estava Jó quando a fundação da terra foi lançada? Jó concede ao cavalo seu poder? É por uma ordem de Jó que a águia voa e faz seu ninho nas alturas? Se Jó não consegue responder nem mesmo uma dessas perguntas, como pode Deus responder a por que Jó sofre?

No fim, é o próprio Deus a resposta à pergunta de Jó. E, quando Jó cede diante de tamanha majestade e poder, Deus lhe devolve a saúde, as posses e ainda mais filhos. No original hebraico tudo isso é contado em poesia, em linguagem aterradoramente bela, alternando entre mística e inspiradora.

18. Os dois caminhos

Os salmos foram chamados de "o livro das orações de Israel", mas essa designação é enganosa para o leitor moderno, porque poucos livros de oração hoje em dia contêm a gama e a variedade de expressão dos 150 poemas que compõem os salmos.

Há muito foi observado que se podem encontrar todas as emoções ou condições humanas imagináveis nos salmos, e todos os modos de expressão. Se os salmos contêm muitos lamentos, contêm também odes jubilantes. Se há mais do que alguns hinos guerreiros entre eles, também podem ser encontrada a reconfortante doçura do "salmo do pastor". Em certas ocasiões, dão voz a algo como a sensação de desespero e alienação tão predominante na vida moderna: "Vigio [fico sem dormir], sou como o pardal solitário no telhado" (Salmo 102:7). No todo, pode-se dizer que os salmos oferecem um retrato da humanidade; especificamente, registram as meditações (literalmente, os "murmúrios") de pessoas mortas há muito tempo, cujas vidas, embora diferentes das nossas na maioria dos aspectos externos, eram governadas pelas mesmas preocupações e afetos humanos. A autoria dos salmos é tradicionalmente atribuída ao Rei Davi. Na verdade, parecem ter sido escritos por diversos indivíduos em reação a uma ampla variedade de condições, durante um período de talvez mais de mil anos.

19. O coração desperto

Os cânticos (também conhecido pelo título de "Cântico dos Cânticos", ou "Cantares de Salomão") foram provavelmente inspirados por uma tradição mais antiga de poemas de amor do Oriente Médio, concebidos para serem cantados em casamentos ou banquetes. Registros judaicos indicam que os cânticos podiam ainda ter sido usados com esse propósito no século II d.C. Nessa época, os cânticos podiam estar associados à festa da colheita, uma época em que mulheres jovens frequentariam os campos nos arredores de Jerusalém para atrair pretendentes. A essa altura, todavia, os rabinos judaicos já haviam começado a ler o Cântico dos Cânticos como uma alegoria do amor entre Deus e Israel, e é sem dúvida por isso que ele foi incluído entre as leituras litúrgicas da celebração da Páscoa, mesmo não havendo referências religiosas explícitas nele, e o nome de Deus nunca seja mencionado. O Cântico dos Cânticos é tradicionalmente associado ao Rei Salomão, filho de Davi, mas parece mais provável que seja o resultado de uma longa tradição oral de poesia amorosa do Oriente Médio, portanto um poema de autoria desconhecida.

20. Jonas e a aboboreira

Deus fala ao profeta Jonas, ordenando que vá à cidade assíria de Nínive e advirta seu povo a abandonar seus costumes perversos. Todavia, Jonas não tem vontade de salvar os ninivitas, inimigos históricos de Israel. Em vez de viajar para Nínive, ele vai na direção contrária, embarcando num barco para Társis. Uma grande tempestade alcança o barco, e, quando os marinheiros tiram a sorte para determinar quem caiu em desgraça com seu deus, a sorte cai para Jonas, que dorme profundamente no porão. Eles o acordam e ele propõe, como solução, que o joguem ao mar. Embora relutantes quanto a isso, os marinheiros decidem que não têm opção e jogam Jonas ao mar.

O Senhor manda um grande peixe (em lugar nenhum é dito que se trata de uma baleia) que engole Jonas. Este fica na barriga do peixe por três dias e três noites. Por fim cede, e concorda em fazer o que Deus lhe ordena. O peixe cospe Jonas na praia, e dessa vez ele vai para Nínive. A cidade é tão grande que Jonas leva três dias para atravessá-la. Durante a travessia, ele proclama o plano de Deus de destruir a cidade se o povo não se arrepender. No ato de profecia mais bem sucedido da Bíblia, os habitantes de Nínive, do rei aos animais nos campos, imediatamente se arrependem. Somente Jonas fica desapontado com esse desenlace. Ele implora a Deus para tirar a sua vida para não tenha que assistir à libertação dos ninivitas, mas Deus apenas pergunta: "Fazes bem em estar tão zangado?".

Jonas constrói um abrigo temporário a leste de Nínive e espera para ver o que acontecerá com a cidade. Para fazer-lhe sombra do sol, o Senhor faz uma aboboreira crescer sobre sua cabeça. Mas no dia seguinte Deus envia um verme para destruí-la, e, quando Jonas lamenta a perda da planta e mais uma vez diz que gostaria de estar morto, de novo o Senhor pergunta: "Fazes bem em estar tão zangado por causa da aboboreira?". Jonas responde que faz bem em se revoltar, se revoltar até a morte.

Isso deve ter sido o que o Senhor suspeitou, porque no fim ele pergunta a Jonas: "E não hei de eu ter compaixão da grande cidade de Nínive, em que estão mais de cento e vinte mil homens que não sabem discernir entre a sua mão direita e a sua mão esquerda, e também muitos animais?". A pergunta é provavelmente retórica, porque Jonas não responde. É aí que a história termina.

21. Jesus mostra uma flor

O sermão da montanha, que se estende por três capítulos (Mateus 5-7), não só é o primeiro período contínuo de pregação de Jesus na Bíblia, contendo muitos de seus ensinamentos mais importantes, incluindo as Beatitudes e o Pai Nosso, como também o mais longo. Nenhum sumário pode fazer justiça à perfeição do sermão como ensinamento espiritual, mas vale a pena notar duas características gerais sobre seu conteúdo e uma sobre sua localização.

A primeira é que o sermão oferece uma reinterpretação da lei judaica. Enquanto a Torá ensina que não se deve cometer assassinato, Jesus diz a seus discípulos que serão julgados mesmo se alimentarem querelas ou não conseguirem fazer as pazes com seu vizinho. Similarmente, a lei ensina a paridade (ou seja, olho por olho, dente por dente), enquanto Jesus ensina que a justiça real só se obtém tratando os outros como nós mesmos gostaríamos de ser tratados. Assim, ele ensina seus discípulos a amar até seus inimigos, e orar por eles.

A segunda é o fato de que Jesus favorece a interiorização da lei sobre sua observância exterior. Assim, aconselha a orar em particular e dar esmolas anonimamente em vez de fazer de ambos os atos demonstrações públicas, pois é mais importante que Deus saiba o que está em nossos corações do que ser elogiado por outros pelo fato de parecermos religiosos.

Por fim, numa época em que a vida religiosa judaica ainda está centrada no templo em Jerusalém, o fato de o sermão ser proferido ao ar livre, em local distante, enraíza seus ensinamentos na vida do campo em vez da vida da cidade. O impulso de ir ao encontro da natureza ou de subir uma montanha para escapar de tudo e se erguer acima do tumulto e distrações da vida cotidiana é por si mesmo um impulso religioso fundamental, no sentido de que restaura a religião, passível de ser cooptada pelo coletivo, ao âmbito da experiência individual.

Os quarenta anos do povo de Israel no deserto pode ser visto sob essa luz, como também a subida do monte Sinai por Moisés. O povo de Israel, tendo sido escravizado não apenas pelos egípcios, mas, num sentido mais profundo, pela cultura egípcia, faz a jornada ao Sinai para recuperar seu impulso religioso.

Similarmente, Jesus conduz seus discípulos e outros seguidores para o campo e finalmente para uma montanha, onde ele faz o sermão que restaura a religião de Israel para si mesma. Para compreender a mensagem do sermão é essencial lê-lo desse ponto de vista. Ele foi proferido para pessoas que, ao menos simbolicamente, descobriram-se de novo no Egito, numa cultura que definia sua experiência em termos coletivos. É uma maneira de centrar de novo o impulso religioso na vida do crente individual.

22. A pessoa má

Ao encontrar pessoas "que se consideravam justas e desprezavam outras", Jesus conta a parábola dos dois homens que vão ao templo na mesma ocasião. Um é fariseu (da palavra hebraica "separar"), membro de uma seita judaica preocupada com questões de pureza e da correta observância da lei judaica. O outro é publicano, ou coletor de impostos. O fariseu declara a Deus que não cometeu atos de extorsão ou adultério, mas jejuou e pagou seu dízimo (literalmente, "um décimo" de sua renda, conforme prescrito pela lei judaica). Ele se compara ao publicano, pecador e colaboracionista romano, agradecendo a Deus não ser como ele. O publicano é pecador e confessa isso perante Deus, muito envergonhado até mesmo pra olhar na direção do céu. Jesus conclui: "Digo-vos que este [o publicano] desceu justificado para sua casa, e não aquele [o fariseu]; porque qualquer que a si mesmo se exalta será humilhado, e qualquer que a si mesmo se humilha será exaltado".

23. Perdido e achado

Quando é criticado por se associar a pecadores e publicanos, Jesus responde com uma série de três parábolas para mostrar como Deus se importa especialmente com aqueles que se descobrem perdidos ou solitários.

Na parábola da ovelha perdida, Deus é comparado a um pastor. "Que homem dentre vós, tendo cem ovelhas, e perdendo uma delas, não deixa no deserto as noventa e nove, e não vai após a perdida até que venha a achá-la?", pergunta Jesus. Para pessoas que vivem em uma época em que os rebanhos desempenham papel essencial na vida cotidiana, a questão deve com certeza ser retórica. Qualquer bom pastor iria procurar a ovelha que se perdera.

Na parábola da moeda perdida, Jesus compara Deus a uma mulher que perdeu um precioso dracma de prata e imediatamente acende uma vela, pondo-se a procurar por toda a casa até achá-lo. A implicação é que, embora ele ou ela possam se sentir indignos, a alma perdida é mesmo assim um grande tesouro aos olhos de Deus.

Por fim, Jesus oferece uma de suas parábolas mais famosas, a história do filho pródigo. Nessa parábola Deus é o pai de dois filhos. Um deles segue todas as regras e espera ser recompensado por seu bom comportamento. O outro vive dissipadamente e perde todo o seu dinheiro, acaba por se tornar um andarilho miserável. Considerando que mesmo os servos empregados nos campos de seu pai têm pão o bastante para poupar, o menino volta para casa, não mais esperando ser tratado como filho, mas disposto a trabalhar no campo. O pai, que estivera esperando ansiosamente, o vê chegando de longe e corre para abraçá-lo. Veste o menino em seu melhor traje, põe sapatos em seus pés e ordena que o bezerro engordado seja abatido para um banquete de celebração. A parábola termina com o outro filho protestando que seu pai nunca "matara o bezerro engordado" para ele, que sempre foi mais responsável que seu irmão. O pai apenas responde que pensara que o filho mais novo estivesse morto e agora tinha sido encontrado. O que mais poderia fazer senão rejubilar-se de todo o coração?

24. Perdão

A Oração do Senhor, também conhecida como "Pai Nosso", por suas palavras de abertura, aparece em duas versões nos evangelhos. A primeira em Mateus 6, durante o Sermão da Montanha, e a segunda em Lucas 11. A versão de Mateus é a tradicionalmente usada na liturgia cristã, portanto a mais conhecida hoje;

Pai Nosso que estais no céu, santificado seja o vosso nome; venha a nós o vosso Reino; seja feita a vossa vontade, assim na terra como no céu. O pão nosso de cada dia nos dai hoje. Perdoai-nos as nossas dívidas, assim como nós também perdoamos aos nossos devedores. E não nos deixeis cair em tentação, mas livrai-nos do mal. Porque vosso é o reino, e o poder, e a glória, para sempre. Amém.

Deve-se notar que a passagem que começa "porque vosso é o reino" não aparece nos manuscritos mais antigos dos evangelhos. Essa doxologia (fórmula de "elogio") foi acrescentada depois em reconhecimento ao uso difundido da oração na liturgia cristã e na devoção privada.

Tradicionalmente, diz-se que o Pai Nosso contém sete petições: (1) pela "santificação" no nome de Deus (isto é, uma atitude de reverência em relação a ele), (2) pela vinda de seu reino, (3) pela união do mundo terreno com o celestial pela submissão à vontade de Deus, (4) pela comida e outras provisões indispensáveis da vida cotidiana, (5) pelo perdão, (6) pela libertação das circunstâncias que levam à tentação e (7) pela libertação do mal.

Em Mateus, o Pai Nosso é seguido pelo ensinamento de Jesus sobre a importância de perdoar. Em Lucas, ele segue após a oração com uma analogia entre Deus e um amigo que com certeza levantaria no meio da noite para dar pão a seu vizinho simplesmente porque ele pediu.

25. Um novo nascimento

Nicodemos é descrito na Biblia como um fariseu e um pregador dos judeus. Ele aparece três vezes no Evangelho segundo João: no capítulo 3, vai, protegido pela noite, perguntar a Jesus como um homem pode nascer se é velho; no capítulo 7, questiona a justiça do conselho por condenar Jesus antes de ter ouvido sua defesa; e, no capítulo 19, com considerável risco para sua pessoa, publicamente ajuda José de Arimateia com o enterro de Jesus. Só no primeiro encontro, todavia, Nicodemos emerge como personagem desenvolvido. Nicodemos chega no meio da noite porque reluta em ser visto com Jesus à luz do dia. Ele começa notando os milagres que Jesus realizou e conclui que deve ter sido enviado por Deus. Nicodemos fica preocupado com as implicações disso, pois os ensinamentos de Jesus divergem daqueles dos fariseus em muitos pontos. Em resposta, Jesus diz a Nicodemos que ele precisa nascer de novo para ver o reino de Deus. Incerto se deve interpretar isso literalmente ou não, Nicodemos pergunta se um homem pode entrar pela segunda vez no útero de sua mãe. De novo, Jesus insiste que ele precisa nascer de novo. Ele descreve essa experiência para Nicodemos, comparando-a com um vento do qual se pode ouvir o som, mesmo que não se possa dizer de onde vem ou para onde vai.

Nada mais é dito de Nicodemos neste primeiro episódio, mas seu comportamento subsequente sugeriu a outros cristãos que ele era, como José de Arimateia, um discípulo secreto de Jesus.

26. O centro moral

A história da mulher adúltera não aparece nos manuscritos mais antigos do Evangelho segundo João. Isso, e o fato que nenhum padre da igreja grega comentar a história antes do século XII, levou muitos eruditos modernos a questionar sua autenticidade, embora alguns acreditem que possa ter sido parte de uma tradição oral mais antiga. A essa altura, no entanto, o episódio é tão benquisto que seu lugar no cânone bíblico não pode mais ser discutido. Ainda assim, a maioria das traduções modernas inclui uma nota questionando sua origem.

De acordo com a história que chegou até nós, Jesus está pregando no templo em Jerusalém quando os escribas e fariseus lhe apresentam uma mulher que foi flagrada no ato do adultério. O homem também deve ter sido flagrado, mas eles não o trouxeram. Ao pedir a Jesus que decida a questão da punição da mulher, seus acusadores lhe apresentam uma armadilha astuta. Os judeus estão proibidos sob a lei romana de ministrar a pena de morte; ao mesmo tempo, se negligenciar o pecado da mulher, Jesus perderá a credibilidade como pregador aos olhos de Israel. Ao ignorar o espírito fundamental de lei, que é inspirar arrependimento e reflexão sobre si mesmo, eles se deixaram abertos para uma interpretação que derrota a todos. Segundo a lei judaica, só aqueles que não eram culpados do mesmo pecado podiam ministrar a punição. Olhando a sua volta, Jesus sabiamente adivinha que os acusadores da mulher são eles mesmos culpados (seja de fato ou em seus corações) do mesmo pecado, e então diz: "Quem de vós estiver sem pecado, seja o primeiro a lhe atirar uma pedra". Ao ouvir isso, todos desaparecem. Jesus, o único que poderia por direito ministrar a punição, pergunta à mulher: "Onde estão seus acusadores?". Ela responde que se foram. "Nem eu te condeno; vá, e não peque mais", diz a ela, encerrando o assunto.

27. O buraco da agulha

A história do jovem rico aparece em três evangelhos. Quando Jesus está passando pela rua, um jovem o reconhece como o rabino da Galileia e corre atrás dele para fazer uma pergunta contundente: o que ele deve fazer para herdar a vida eterna.

Jesus lhe manda seguir os mandamentos – não cometer adultério, não matar, não roubar, não dar falso testemunho –, mas o jovem declara que os seguiu a vida inteira. Ao ouvir isso, Jesus decide convidá-lo a se tornar um discípulo: "Falta-te uma coisa: vai, vende tudo quanto tens e dá-o aos pobres, e terás um tesouro no céu; então vem, toma a cruz e segue-me". Incapaz de se separar de sua fortuna, o jovem vai embora tristemente. Isso suscita um dos mais famosos pronunciamentos de Jesus: "É mais fácil um camelo passar pelo buraco da agulha que um rico entrar no reino de Deus". Ao ouvir isso, os discípulos ficam momentaneamente desorientados, perguntando: "Quem então poderá ser salvo?". Mas Jesus explica que, embora os homens sejam incapazes de salvar a si mesmos, a salvação é possível, "pois com Deus todas as coisas são possíveis".

28. O sinal do beijo

O sobrenome de Judas Iscariotes implica que ele pode ter nascido em Kerioth, cidade ao sul da Palestina, o que faria dele o único não galileu entre os doze discípulos. Todos os evangelhos concordam que ele é o traidor de Jesus, embora em Marcos isso não seja afirmado diretamente e precise ser inferido.

Na noite anterior à crucificação, Judas se encontra com os sacerdotes, aceitando trinta moedas de prata em troca de revelar o local onde está Jesus e concordar em identificá-lo com um beijo quando os soldados chegarem para prendê-lo. Num dos relatos, ele se enforca em seguida à traição. Em Atos dos Apóstolos, ele compra um campo com o dinheiro que recebeu e morre ao cair nele, e suas entranhas explodem.

Há duas teorias sobre o motivo da traição de Judas. A primeira sugere que foi a cobiça que o impulsionou; a segunda, que ficou desiludido com o pacifismo de Jesus, preferindo uma reação mais militante à opressão romana. Se isso for verdade, então Judas teria se engajado no movimento de Jesus com a esperança de que ele inspiraria uma rebelião popular, e nesse caso o próprio Judas poderia ter se sentido traído pelo evangelho de amor de Jesus.

29. O grito na cruz

A crucificação era uma das formas de execução mais cruéis do mundo antigo. Já vinha sendo usada há muito tempo pelos assírios e persas quando os romanos a adotaram como punição para escravos e rebeldes. Os cidadãos romanos só poderiam ser crucificados se tivessem cometido traição. O fato de a crucificação ter sido usada para punir Jesus sugere que a afirmação de ele era o messias judeu foi interpretada pelas autoridades como um ato de rebelião contra Roma. Seja como for, Jesus foi sentenciado e executado pelos romanos, não pelos judeus, como muitos cristãos acreditaram. O conselho que governava Jerusalém podia ter suas próprias razões para querer Jesus morto, mas teriam sido proibidos de se encarregar do assunto por conta própria. Roma executava prisioneiros para seus próprios fins, e de acordo com suas próprias leis.

Segundo os evangelhos, a crucificação de Jesus ocorreu da seguinte forma: na noite anterior à sua execução, ele é traído por Judas Iscariotes no Jardim de Gethsemane, em seguida é levado perante as autoridades, tanto judaicas quanto romanas. Ele é açoitado e escarnecido, sendo forçado a usar um manto púrpura e uma coroa de espinhos, ambos simbolizando a realeza. Fazem então com que ele carregue a própria cruz para o Gólgota, "o lugar da caveira", assim chamado por ser um local de execuções. Lá ele é pregado à cruz e colocado entre dois ladrões que foram igualmente sentenciados à morte.

Da cruz, Jesus diz ao discípulo João para cuidar de Maria, sua mãe. Ele também pede que seus inimigos sejam perdoados, orando: "Pai, perdoai-os, porque eles não sabem o que fazem". Um dos ladrões zomba dele, perguntando por que, se ele é de verdade o Cristo, não pode salvar a si mesmo e a eles. Mas o outro ladrão o repreende, concluindo: "Recebemos a devida retribuição por nossas ações; mas este homem nada fez de errado". Ele então pede para ser lembrado por Jesus quando ele chegar ao reino de seu pai. Jesus responde: "Hoje mesmo estarás comigo no paraíso".

O grito de Jesus "Meu Deus, meu Deus, por que me abandonaste?" ocorre bem no fim, e depois disso ele morre. Marcos não oferece nenhuma explicação sobre por que ele se sentiria abandonado por Deus no final de tudo. O Salmo 22 sugere uma possível resposta.

Esse salmo começa da seguinte forma: "Meu Deus, meu Deus, por que me abandonaste? Por que estás tão longe de me ajudar e das palavras de meu bramido?". O que segue é um lamento clássico em que o salmista elogia Deus por ter atendido às orações de Israel no passado, mas lamenta sua atual condição. "Mas eu sou um verme, e não um homem", ele declara, "opróbrio dos homens, e desprezado do povo". Dele riem a ponto de ser escarnecido por aqueles que lhe perguntam por que o Deus que tanto gosta dele não intervém para salvá-lo. Uma sensação visceral de seu sofrimento é descrita quando nos diz que seu coração é como cera derretida dentro dele, sua força secou como barro rachado e sua língua grudou no céu da boca. Ele está em tamanha agonia física que se pode contar cada um de seus ossos. "Eles perfuraram minhas mãos e meus pés", diz enfim, e acrescenta que dados foram jogados para ver quem tomaria posse de seus trajes.

É possível encontrar no Salmo 22 não só uma descrição de como seria ser crucificado, mas também alguns paralelos específicos com as circunstâncias da crucificação de Jesus, pois o primeiro ladrão zomba dele de maneira parecida, e os soldados romanos jogam dados por seus trajes. Todavia, não é assim que o Salmo 22 termina.

Na segunda metade do salmo, há um apaixonado apelo pela libertação que contém muitas imagens de renovação e regeneração. Apesar de seu sofrimento, fala da continuidade da "semente de Jacó", e prevê que as pessoas no mundo todo irão reconhecer a glória de Deus e a buscarão: "Todos os limites da terra se lembrarão, e se converterão ao Senhor; e todas as famílias das nações adorarão perante a tua face".

No todo, o Salmo 22 sugere uma jornada através do vazio e do desespero que ainda assim termina num tom de renascimento ou ressurreição, porque a desolação interior é descoberta como parte de uma jornada atemporal na qual a humanidade e todas as suas ideias sobre Deus estão sempre morrendo e renascendo.

30. O portão sem portão

O Apocalipse, também chamado de Livro da Revelação de São João, o Divino, começa quando Cristo manda um anjo para

João (não o apóstolo, mas uma figura posterior) na ilha de Patmos e ordena a ele que advirta a igreja sobre as tribulações que virão. João viaja para o céu numa visão e vê Deus sentado num trono. Deus tem nas mãos um pergaminho com sete selos, que só podem ser abertos pelo Cordeiro (símbolo de Jesus). O Cordeiro abre os selos um após o outro, e com cada selo um grande julgamento se abate sobre o mundo.

Nos capítulos subsequentes, há uma batalha de proporções cósmicas na qual o Cordeiro e 144 mil seguidores combatem a besta de sete cabeças que é a representante de Satã na terra. O próprio Satã é derrotado no fim e então sobrevém um período de mil anos de paz, em cujo final um novo céu e terra nascem e a Cidade Divina, a "Nova Jerusalém", desce dos céus.

No fim, João acorda de sua visão, e o livro do Apocalipse termina com Jesus dizendo aos leitores que ele não demorará a vir para iniciar os eventos nele descritos.

Apêndice B

Formando um grupo de estudo semanal

Como crer em Deus foi inspirado por um grupo de estudo semanal que começou a se reunir em janeiro de 2000. Além das duas regras e do breve sumário de nosso processo espiritual mencionados no capítulo 7, "Jacó e o anjo", poucas instruções são necessárias para formar um grupo assim. Para aqueles que desejam promover reuniões desse tipo, o roteiro abaixo pode ser útil.

» Arrume as cadeiras em círculo para que a face de cada pessoa seja visível para todas as outras.

» Comece com um período de silêncio, preferivelmente com pouca luz, durante o qual os participantes ficam livres para orar ou meditar como quiserem.

» No começo de cada discussão, leia a passagem que você selecionou na semana anterior. Em Woodstock, geralmente lemos um único capítulo da Bíblia no começo da reunião, dividindo o número de versículos do capítulo pelo número de participantes para que cada pessoa possa ler alguns versículos em voz alta.

» Permita aos membros falar quando e se desejarem, sem impor uma estrutura fixa na maneira ou ordem das falas.

» No fim da cada reunião, decidam qual passagem será discutida na semana seguinte. Você poderá descobrir que é mais simples ler um livro inteiro da Bíblia em seguida, capítulo por capítulo, em vez de ter de selecionar uma nova passagem toda semana, mas não deve haver regras governando o processo de seleção, exceto que a maioria dos membros precisa concordar com a passagem selecionada.

» Por fim, lembre que a intimidade espiritual alimentada semana após semana por um grupo assim – tanto com Deus quanto uns com os outros – é o que leva à transformação espiritual. Quaisquer palavras ou ações que aumentem essa intimidade são, em regra, boas para o grupo e para os indivíduos.

Para os que desejem saber mais sobre *Como crer em Deus* e o grupo que o inspirou, visitem nosso *site:* www.BuddhistBibleStudy.com.

Agradecimentos

Como crer em Deus foi um livro extremamente difícil de escrever, e duvidei por muitos anos se seria capaz de um dia terminá-lo. O fato de eu ter sido capaz, e de você o ter em mãos agora, diz muito sobre meus amigos e família.

Entre os responsáveis pela criação e concepção do livro vêm primeiro os membros de nosso *Woodstock Bible Study Group*, que se reuniram todas as quintas-feiras nos últimos oito anos para ler a Bíblia por suas perguntas, e não só por suas respostas – um processo que requereu deles não só muita fé e capacidade de dúvida, como também considerável paciência. Pela amizade espiritual, inspiração e encorajamento de todos os tipos, sou grato a todos eles, mas especialmente a James Lignori, cujo empenho, tanto com o grupo quanto com o livro que por fim dele resultou, foi absoluto; e Priscilla Lignori, que documentou as reuniões com meticuloso zelo, levantando questões que em muitos casos tinham sido apenas sugeridas nas reuniões e levando-as ainda mais adiante. Não é exagero dizer que, por causa dela, nossas reuniões nunca realmente terminavam, mas seguiam unidas semana após semana numa contínua conversa entre amigos espirituais. Sou abençoado por ter tais parceiros.

Na lista daqueles que mais contribuíram com nosso grupo nos anos recentes, e portanto com o livro, eu acrescentaria Davida Libman, cuja inspirada leitura por um ano inteiro do livro de Jó mudou a maneira como penso sobre o restante da Bíblia; Jim e Carla Potter, que premiaram nossos encontros com inesperados tesouros culturais e trouxeram com eles a experiência de uma vida inteira de compreensão obtida como psicoterapeutas precisamente no momento em que era necessário; Denise Ranaghan, que insistiu que nossas discussões atendessem às necessidades de cada membro e nos ajudou a perceber com ainda maior clareza que, indo adiante, deve-se fazer a religião servir à vida, e não vice-versa; Susan Manuso, que estendeu o alcance de nossas conversas em Woodstock para a Califórnia sem nunca desistir. Não consigo acreditar que mereço amigos assim, mas os aceito com gratidão.

Os seguintes membros do grupo deram profundas contribuições ao longo dos anos também; o livro é tão deles quanto meu: Stephanie Barnes, Dimitri Hernandez, Linda Mandano, Barbara Sarah, Marty LaForse, Sarah Berk, Larry Berk, Reverendo Philip Washburn, Nancy Washburn, Frank Jude, Bruce Jackson, Duff Allen, Julia Indichova, Angela Stockwell, Julie Stebbens, Corinne Mol, Joanne Rowley, Art Sherman, Gioia Timpanelli e Laurie Ylvisaker. Além disso, a primeira versão de *Como crer em Deus* foi escrita para ser lida em voz alta na reunião semanal dos *Koans of the Bible Study Group*, em St. Paul, Minnesota, para onde viajei para ensinar durante alguns anos atendendo ao convite de meus amigos Natalie Goldberg e Dosho Mike Port, do *Clouds in Water zen Center*. Agradecimentos especiais a Bob Keim e Sheila Moriarity por seu contínuo apoio e patrocínio daquele grupo.

Por fim, três outros membros de nosso grupo de Woodstock merecem menção especial. David Tapper é fonte de contínua inspiração e um amigo muito querido da família. Aos oitenta anos de idade, ele é o mais incansável e todavia com a mente aberta, explorador espiritual que jamais conheci. Foi Dave quem sugeriu que eu iniciasse esses grupos, e Dave quem primeiro concebeu o título deste livro. Da mesma maneira, Andrea Barrist Stern vem sendo um esteio e uma “grande mãe” tanto para o grupo quanto para nossa família, há quase uma década. Nossa gratidão a ela não conhece limites. Por fim, muitas das lições espirituais que descobri ao escrever *Como acreditar em Deus* vieram de Robert Esformes, cujo conhecimento do misticismo judaico é enciclopédico. Sem esses três, nossas vidas seriam infinitamente mais pobres.

Além de nosso grupo semanal, inumeráveis foram os indivíduos – monges, freiras, padres e crentes – que compartilharam comigo seus ensinamentos espirituais mais preciosos, sabendo o tempo todo que era pouco provável que eu os usasse de maneira consistente com as normas de suas tradições. Apesar de sua vontade de me converter no começo, no fim acredito que contribuíram por pura generosidade do coração. De que outra forma posso explicar o porquê de, num quente dia de verão, um grupo de rabinos hassídicos ter passado toda a tarde detalhando animadamente seus métodos de oração solitária para um visitante não judeu que apareceu em seu *shul* usando shorts, sandália, óculos escuros e camisa havaiana? Ou por que uma mulher testemunha de Jeová viria a minha casa uma vez por semana durante três meses para me ensinar como as testemunhas lêem a Bíblia? Ou, ainda mais, por que um refugiado afegão que me confessou estar muito nervoso na Manhattan pós-11/9 para discutir sua fé com qualquer um teria me ensinado a usar as contas *tesbih* de sua tradição para dizer o nome de Alá? Devia estar claro para todos que eu não tinha a intenção de me tornar muçulmano, testemunha de Jeová, cristão ortodoxo ou judeu hassídico. Meu único remorso em minhas relações com todos esses indivíduos é que alguns deles – em particular o proprietário de uma livraria cristã em Kingston, New York, ao qual devo mais do que a todos os outros – ainda se preocupam com o estado de minha alma. Nesses casos, posso apenas responder que a profunda gratidão que sinto garante um tipo próprio de proteção aos olhos de Deus.

Há outros a quem posso agradecer abertamente, embora alguns já tenham falecido. Lex Hixon, Padre Basil Pennington, Irmã Benedicta, do Convento de St. Helena, Dovid Krafchow, Rabino Jonathan Kligler, Hoshin e Josephine Seki, Taitetsu e Alice Unno,

Reverendo T. K. Nakagaki, Masao Yokota, Bill Aiken, Ethan Gelbaum, Chance O'Connor, Jack Slockbower e Andrew Gebert. Agradecimentos especiais ao Padre Tom Miller, da Catedral de St. John the Divine, que atuou como meu conselheiro espiritual por alguns anos, e ao meu amigo íntimo, padrinho de meus filhos, Thanissaro Bhikkhu, abade do *Metta Forest Monastery*, com quem compartilhei cada pensamento por todos esses anos. Ele não deve ser culpado por nenhum deles, mas, com exceção de minha mulher, Perdita, em muitos casos foi o primeiro a ouvi-los. Adicionalmente, Daisaku Ikeda, presidente da *Soka Gakkai International*, foi uma grande inspiração para mim. As oportunidades de estudo e viagem proporcionadas por minha amizade com a *Soka Gakkai* me deram a chance de observar uma religião global no processo de nascimento, pelo que sou profundamente grato.

Por fim, embora só um muito obrigado seja pouca compensação pelo tormento que ele suportou pelos quatorze anos de nossa associação, devo expressar minha mais profunda gratidão a Eido Tai Shimano Roshi, abade do *Daí Bosatsu zendo*. Embora pareça estranho oferecer um livro sobre a Bíblia como prova de que seu ensinamento zen não foi em vão, mais do que qualquer outra coisa que escrevi, *Como crer em Deus* é um testemunho desses ensinamentos, e a dívida que tenho com ele é visível, ao menos para mim, em cada página.

Uma mulher com quem eu sempre dividia a mesa num café na década de 90 uma vez disse que eu parecia estar sempre lendo algum livrinho de oração. "É o mesmo livro", ela me perguntou um dia, "ou sempre um diferente?" "O mesmo livro", eu respondi, "só que escrito por diferentes autores." Os "livrinhos" que consultei enquanto escrevia *Como acreditar em Deus* são por demais numerosos para nomear. A alguns eu retornava com tanta frequência, todavia, que a dívida precisa ser reconhecida. Entre eles estão o *Tannisho* de Shinran, traduzido por Taitetsu Unno; *Plain Words on the Pure Land Way*, traduzido por Dennis Hirota; *Thus Have I Heard* e *The Evil Person*, ambos de Shuichi Maida, traduzidos por Nobuo Haneda; *The Great Natural Way*, pelo Venerável Hozen Seki; e *Buddha of Infinite Light: The Teachings of Shin Buddhism*, de D. T. Suzuki. Cada um desses livros é uma obra-prima do pensamento budista e embora todos, com exceção do último, possam ser difíceis de encontrar, vale muito o esforço de procurá-los. Ademais, li constantemente a tradução de Burton Watson do *The Lotus Sutra* e ambos os volumes de *The Writings of Nichiren Daishonin*, as cartas reunidas do santo japonês do século XIII que, provavelmente o único em todo o budismo, merece o título bíblico de "profeta". Além desses, gostaria de acrescentar um texto pequeno, mas extraordinário, da tradição judaica: *Outpouring of the Soul*, de Rebbe Nachman, traduzido pelo falecido Rabino Aryeh Kaplan e publicado pelo *Breslov Research Institute.*

Também devo muito em particular a *101 Diamonds from the Oral Tradition of the Glorious Messenger Muhammad*, traduzido e interpretado por Lex Hixon e Fariha Al-Jerrahi, e a *The Gospel of Sri Ramakrishna*, cuja versão abreviada era como um milagre no bolso do paletó.

Os textos cristãos católicos e ortodoxos que consultei chegam às centenas. Os mais importantes entre eles, todavia, foram: *Some Minor Works of Richard Rolle*, infelizmente quase impossível de encontrar hoje em dia; *Revelations of Divine Love*, de Julian of Norwich; a obra em um volume de E. Kadloubovsky e G. E. H.Palmer, *Writings from the Philokalia on Prayer of the Heart*; e o precioso clássico devocional do Padre Lev Gillet, *On the Invocation of the Name of Jesus.*

Minhas leituras do protestantismo contemporâneo foram

muito variadas e muito numerosas, e ocorreram num período de tempo longo demais para que eu possa lembrar de todas agora. Incluíram uma variedade de folhetos, panfletos e sermões individuais dos quais perdi as referências há muito tempo. Onde, por exemplo, ouvi pela primeira vez Abraão descrito como "uma bola num sulco" quando ele leva o menino Isaac para o monte Moriah? Infelizmente não consigo mais lembrar. Mas seria negligência de minha parte não mencionar minha dívida a muitas fontes tradicionais para o estudo da Bíblia nessa tradição, em especial com os editores do *Thompson Chain-Reference Study Bible*, ainda hoje um monumento ao conhecimento bíblico americano, mesmo em tempos de Google, Wikipedia e BibleGateway.com. Esse livro sempre foi minha primeira e última referência ao escrever *Como crer em Deus*.

Por fim, gostaria de agradecer àqueles que "fizeram o livro acontecer". Pela ajuda financeira em vários períodos durantes os anos necessários para completá-lo: minha avó, Lois Walker; meu irmão, Allan Strand, e sua esposa, Maureen; meus pais, Anne e Allan Strand; meu pai biológico, Bob Weigel, e sua esposa, Connie; Andrea Barrist Stern; James e Priscilla Lignori; Jim e Carla Potter. Do mesmo modo, além dos membros de nosso grupo de estudos, cuja maioria leu o livro enquanto eu o escrevia (incluindo James e Priscilla, Jim e Carla, Phil Washburn, Gioia Timpanelli, Robert Esformes, David Tapper, Andrea Barrist Stern, Stephanie Barnes e Susan Manuso), os seguintes amigos e membros da família o leram no manuscrito final e ofereceram conselhos valiosos: Susan Rudnick, Beckie Kravetz, Alan Weisman, Bar Scott, Michele Slung, Anne Fagan, Mark Finn, Matthew Finn, Tom Lund, Tom Miller, Linda Dickey, Bruce e Diana Cobbold e Beth Lipton. Linda Dickey em particular ofereceu amizade, retorno e mais do que algumas conversas de encorajamento nos anos em que mais precisei. E Tom Lund precisa ser creditado como "parceiro silencioso" na fase final da escrita. Que eu tenha conseguido completar o livro afinal é em grande parte devido a seu apoio e aconselhamento sinceros. Agradecimentos do coração são também necessários à minha família do norte: meu amado cunhado, Mark Finn; e sua esposa, Michal; meus sobrinhos Adam e Daniel, com quem compartilhei tanta comida boa, vinho bom e boas conversas ao longo dos anos. Não sei onde eu estaria sem seu constante amor e apoio. Enfim, pela infindável amizade, risadas e encorajamento: Sparrow e Ellen Carter, Liz e Vinnie Martucci, Tom e Debbie Carpenter, Mark e Nancy Lerner, Pia e James Lasdun, Jim Hoffman, Kathy Nolan e Mark Rogisin – lista à qual devo acrescentar também Jeff Cuiule, Audrey Cusson e Shana Cutler, da Mirabai Books, por sua contínua amizade e (junto com a *Woodstock Dutch Reformed Church*) por oferecer espaço para nossas reuniões semanais. Da mesma forma, um obrigado especial para Barry Samuels e Ellen Shapiro, da Golden Notebook: os livreiros independentes iluminam os corações e nutrem as almas de pequenas comunidades progressistas; que continuem a existir para sempre.

Minha agente lutou por este projeto desde o começo, mostrando notável paciência e resiliência enquanto passava por várias encarnações com diferentes editores e editoras. Amy Hertz, da Riverhead, foi a primeira a ver o potencial de *Como crer em Deus* e confiou o suficiente em minha capacidade como escritor para permitir vastas extensões de tempo para conseguir fazê-lo. Andrew Corbin, da Doubleday Religion, acompanhou o livro durante o processo editorial; Greg Mollica fez muito mais que sua obrigação para chegar à capa certa; Trace Murphy, John Burke, Darya Porat e Rosalie Wieder mantiveram quatro ou cinco bolas no ar simultaneamente e nunca deixaram nenhuma cair. No fim, Gary Jensen entrou na história como o editor final do livro, herdando a responsabilidade de descobrir como melhor compartilhá-lo com o mundo, uma tarefa que assumiu com um entusiasmo que, provavelmente por também ele ser um autor religioso, refletiu uma afinidade com o livro que teria sido digna do editor a adquiri-lo. Em tudo, me senti bastante abençoado.

Essas, então, são as pessoas a quem posso agradecer, e, ao fazê-lo, recompensar em pequena medida sua gentileza em ajudar *Como crer em Deus* a se tornar uma realidade. Mas há três outras para as quais só agradecer dificilmente seria o suficiente.

Não tenho como expressar o quanto devo a minha esposa, alma gêmea e colega autora Perdita Finn. *Como acreditar em Deus* foi uma jornada que fizemos juntos. Os pensamentos, as percepções e qualquer poesia que nele possa haver são relíquias de uma conversa sem fim – sobre a vida, amor, a Bíblia e tudo o que fica entre isso – mantida durante o café, no café da manhã, de um lado a outro da mesa em que escrevemos juntos todos os dias, no carro, levando os filhos à natação, ou sussurradas na calada da noite com ninguém para ouvir além de Deus. Essa conversa é a inspiração e a alegria da minha, e, embora eu não afirme nada de particular sobre reencarnação neste livro, para mim parece inconcebível que tenha começado apenas quando nos encontramos para tomar um café na Hungarian Pastry Shop em Manhattan anos atrás. Mesmo naqueles primeiros momentos, pareceu que o tempo anterior foi simplesmente uma pausa, depois da qual um dos dois disse: "Então, como eu ia dizendo...".

Aos meus extraordinários filhos, Sophie Strand e Jonah Strand, que chegaram no meio da conversa e portanto não têm como lembrar de uma época em que a mãe deles e eu *não* estávamos trabalhando em *Como crer em Deus*, tenho uma dívida de gratidão que jamais poderei pagar. Eles foram minha inspiração desde o começo. Este livro pertence a eles e seus filhos de uma maneira que nunca pertencerá a mim. Suas vidas já são um testemunho de sua mensagem de salvação universal, a qual eles aceitam como uma coisa evidente, como se fosse algo óbvio demais para discutir. O futuro a eles pertence.

Este livro foi impresso pela Prol Editora Gráfica
para a Editora Prumo Ltda.